Notker Wolf

Die sieben Säulen des Glücks

AF198019

Der Autor

Notker Wolf OSB, Dr. phil (1940–2024), wurde als Werner Wolf in Grönenbach geboren. Bereits in seiner Schulzeit war Notker Wolf bewusst, dass er als Missionar die Botschaft Jesu weitergeben möchte. So trat er 1961 nach dem Abitur in die Benediktinerabtei St. Ottilien ein, die zu seinem Zuhause wurde. Nach seiner Profess studierte Notker Wolf in Rom und München Philosophie, Theologie, Zoologie, Anorganische Chemie und Astronomiegeschichte. Am 1. Oktober 1977 wurde Wolf zum Erzabt von St. Ottilien gewählt und unterstützte weltweit benediktinische Neugründungen und soziale Einrichtungen. Er engagierte sich für den interreligiösen Dialog und trat stets auch politisch offen und deutlich für seine Werte ein. Von 2000 bis 2016 war er als Abtprimas des Benediktinerordens mit Sitz in Rom der höchste Repräsentant von mehr als 800 Klöstern und Abteien weltweit. Nach seiner Emeritierung kehrte er 2016 nach St. Ottilien zurück, wo er bis zuletzt lebte.

Der Herausgeber

Rudolf Walter, Dr. phil., Dipl. theol., war lange Jahre Programmleiter und Cheflektor des Herder Verlags und ist Herausgeber zahlreicher Bücher sowie des periodisch erscheinenden „einfachleben-Briefs" von Anselm Grün (www.einfachlebenbrief.de). Er lebt in Freiburg i. Br.

Notker Wolf

Die sieben Säulen des Glücks

Tugenden für das Leben

Herausgegeben von Rudolf Walter

HERDER

FREIBURG · BASEL · WIEN

Neuausgabe 2024
Originalausgabe: © Verlag Herder 2011
Alle Rechte vorbehalten
www.herder.de

Umschlaggestaltung: Gestaltungssaal, Rosenheim
Umschlagmotiv: © Future Image / Imago
© Charcompix / Shutterstock

Satz: B. Herrmann, Freiburg
Herstellung: GGP Media GmbH, Pößneck
Printed in Germany

ISBN 978-3-451-03494-7

Inhalt

1 *Die Sprache des Glücks*

Die Spatzen sind meine Lieblingsvögel. Wenn ich als Kind krank war und am Fenster stand, konnte ich sie beobachten. In den Rosenbäumchen gegenüber von unserem Haus, rund geschnittene, wie man sie heute fast nicht mehr sieht, da war ihr Lieblingsort. Die waren immer voll von ihnen. Gerade im Winter, wenn die Blüten längst verwelkt und das Laub schon abgefallen war, sah man sie, und ihr Lärmen, Zirpen und Tschilpen war die schönste Musik für mich. Ein Flattern, eine Bewegung, alle schwirrten sie gleichzeitig heran und rissen sich gegenseitig das Futter aus dem Schnabel. Frech, vorlaut, flüchtig.

Es war das volle Leben. Es war der Himmel. Ja, Spatzen sind für mich die Himmelsvögel. Einfach, quirlig, lebendig, vital, unmittelbar in ihren Lebensäußerungen. Ein Inbegriff des Glücks. Sie flatterten immer rasch herüber zu unserem Fenster, pickten die Brosamen auf und flogen wieder zurück. Zum Teil bekämpfen sie sich, zum Teil lieben sie sich. Inbilder unverstellter Lebensfreude. Wenn ich ihnen zusah, habe ich die Leichtigkeit des Lebens selbst intensiv erfahren. Ich stand am Fenster wie gebannt und konnte mich nicht von ihnen lösen.

Noch heute sind Spatzen für mich etwas ganz Besonderes. Der Fromme könne wie ein Sperling im Tempel Gottes nisten – das ist biblische Sprache. Wie „der Sperling

auf dem Dach", der im Psalm 84 Symbol für das Gottver-
trauen ist. Oder das Beispiel Jesu aus dem Matthäus-
evangelium (10,24): Es fällt kein Sperling vom Himmel,
ohne dass Gott es wüsste.

Es gibt auch eine wunderbare Antiphon, die als Kom-
muniongesang am 15. Sonntag im liturgischen Jahres-
kreis gesungen wird: „Passer invenit sibi domum, et tur-
tur nidum, ubi reponat pullos suos: altaria tua Domine
virtutum, Rex meus et Deus meus: beati qui habitant in
domo tua, in saeculum saeculi laudabunt te. Auch der
Sperling findet ein Haus und die Schwalbe ein Nest für
ihre Jungen – deine Altäre, Herr der Heerscharen, mein
Gott und mein König." (Ps 84, 4–5) Musikalisch ist diese
Antiphon lautmalerisch gestaltet. Die Melodie, mit klei-
neren Absätzen und Pausen, ist unterlegt mit beschwing-
ter Leichtigkeit, die für mich untrennbar mit den Spatzen
verbunden ist, mit der Leichtigkeit, mit der sie von
Zweig zu Zweig, von Ast zu Ast springen.

Vor Kurzem habe ich an einer Autobahnraststätte in Süd-
tirol Spatzen gefüttert. Ich habe ihr Tschilpen nach-
gemacht, mit ihnen leise gepfiffen, mit ihnen geredet.
Ich kam mir ein wenig vor wie der Heilige Franziskus,
so zutraulich waren sie. Sie haben mir aus der Hand gefressen. Mit Spatzen zu reden ist wie mit kleinen Kindern
zu reden.

Sie brauchen auch den Schutz wie kleine Kinder. Ich
habe auch das erlebt. Sie waren wieder vor dem Fenster,
als ich ihnen zusah, damals als krankes Kind. Auf einmal
wurde es dunkel, und wie eine Wolke stoben sie auf.
Und dann sah ich es: Ein Hühnerhabicht stieg auf, mit
einem Spatz in den Krallen. Sie sind so schutzlos und

wehrlos gegenüber diesen großen Raubvögeln. Auch deswegen sind sie für mich ein so wahres Glückssymbol. Glück ist bedroht und nie sicher. Man soll sich freuen, wenn man Glück hat. Denn man weiß nie, wann es vorbei ist.

Zeichen der Leichtigkeit, aber auch der Flüchtigkeit des Glücks sind Spatzen für mich. So scheu sind sie. So leicht aufzuschrecken. Und so wehrlos. Und es stimmt: Glück ist wehrlos. Es kann so leicht in Brüche gehen. Eheglück kann zerbrechen. Liebesglück, das sich Ewigkeit schwor, geht plötzlich in Scherben. Das lebenslange Miteinander zweier alter Menschen, von denen einer plötzlich stirbt, kann in großem Schmerz enden. Glück ist ein zerbrechlich Ding.

Das Glück ist auch wie ein flüchtiger schreckhafter Vogel. Spatzen fliegen schnell auf, scheuen hoch und leben immer in Gefahr. Über Glück kann man nicht verfügen. Es ist nicht machbar. Und man kann es nicht festhalten. Es will aber nicht nur flüchtig sein. „Verweile doch, du bist so schön!" Glück will auch die Ewigkeit. „Alle Lust will Ewigkeit, tiefe, tiefe Ewigkeit", sagt Nietzsche.

Glück ist immer irdisch. Und damit auch etwas Vergängliches. Sei froh, wenn du es hast. Sei froh, wenn du gesund bist. Sei froh, wenn du heute da sein darfst. Glück verweist aber auf etwas anderes, das es übersteigt. Auf etwas, das ewige Dauer hat. Man spricht bezeichnenderweise nicht von ewigem Glück, sondern von ewiger Glückseligkeit.

Was Glück sein kann, ahnt man, wenn man auf das hört, was Jesus gesagt hat: „Sorgt euch nicht, was ihr morgen anziehen und was ihr morgen essen werdet. Betrachtet die Lilien des Feldes und die Vögel des Himmels. Gott kümmert sich um alles, sogar um einen Sperling, der vom Dach fällt und um jedes Haar, das dem Menschen vom Haupt fällt."

Dahinter steckt Vertrauen und Lebensfreude.

> Lerne von der Lilie
> Und lerne vom Vogel
> Deine Lehren.
> Zu sein heißt:
> Für heute da sein
> Das ist Freude.
> Lilie und Vogel
> sind unsere Lehrer
> der Freude
> (Sören Kierkegaard)

Und das ist auch der Kern der Botschaft Jesu: Der Glaube an Gott befreit zur Lebensfreude und zur Hoffnung, dass dies etwas Unverbrüchliches ist.

Die Lilien und die Vögel, dieses biblische Bild ist ein menschheitliches, es wird überall verstanden und ähnlich empfunden.

In einem chinesischen Zengedicht ist Glück so beschrieben:

Wenn der Frühling kommt
Feiern Tausende von Blumen
Und der goldene Vogel singt
Im grünen Weidenbaum

Spatzen sind heute eine gefährdete Spezies. Das glatte Fassadenmauerwerk hindert sie am Nisten.

Es gibt sogar schon Initiativen für die Rettung des Sperlings.

Hat das moderne Leben eine solche glatt-harte Fassade, dass unser Glück darin nicht mehr nisten kann?

Und wie könnte ein Lebenshaus aussehen, in dem das Glück, das unverstellte Leben, auch seinen Platz hat?

2 Was taugt zum Glück?

*Was haben denn Glück und Tugend miteinander zu
tun? Spaß haben, den Kick erleben, darum geht es.
Glück ist die Leichtigkeit des Seins, ein schönes Gefühl, dem man nachhelfen kann. Tugend – das klingt
nach Geboten, anstrengend und moralinsauer.*

Benedikt sieht das ganz anders: „Der Weg des
Heils kann am Anfang nicht anders sein als
eng. Wer aber im klösterlichen Leben und im
Glauben fortschreitet, dem wird das Herz weit
und er läuft in unsagbarem Glück der Liebe
den Weg der Gebote Gottes." Das ist das Herz
seiner Regel. Und Zentrum seiner Glückslehre
ist das gute Leben: Die Gebote sind Wegweiser
dahin, nicht Ziel.

Es war im März 1955. Ich war vierzehneinhalb Jahre und fand auf dem Dachboden unseres Hauses ein Heft: die Lebensbeschreibung von Pierre Chanel, einem Südseemissionar aus dem Orden der Maristen. Chanel war 1954 heiliggesprochen worden. Dieses Heft beschrieb seinen abenteuerlichen Weg, aus dem kleinen französischen Département Ain auf die Insel Futuna, wo er als Märtyrer endete. Man hat ihn erschlagen, weil sich die Mächtigen bedroht fühlten. Ich habe diese Biographie damals verschlungen. Das Heft hatte ich tagsüber unter meiner Matratze versteckt, meine Mutter sollte es nicht sehen. Schließlich habe ich eine Woche lang mit mir gekämpft: War ich wirklich bereit, mein Elternhaus für immer zu verlassen? Würde ich das auch können: Würmer essen und alle möglichen Strapazen auf mich nehmen? Als ich alles durchhatte, ging ich zu meiner Mutter und sagte: „Ich möchte Missionar werden." Ich erklärte ihr meine Gründe und bat sie, mir zu helfen, es meinem Vater zu verklickern. Ich wusste: Das war meine Berufung. Ich hatte das große Ziel – und das Glück meines Lebens gefunden.

Ich war dann letztlich körperlich zu schwach für die Mission. Wäre es aber nach mir gegangen, ich wäre heute irgendwo in Asien oder in Afrika, auf einer Missionsstation. Es wäre sicher ein erfülltes und gutes Leben gewesen. Der Herrgott schien mir aber etwas anderes zugedacht zu haben. Ich wurde nach dem Studium von meinem Orden als Hochschullehrer eingesetzt und bin mit meiner Wahl zum Erzabt der Missionsbenediktiner für die ganze Kongregation zuständig geworden. Ich bin damit viel mehr Missionar geworden als ich es mir erträumt hätte, jetzt als Abtprimas des gesamten Benediktinerordens erst recht.

Glück hat mit Sinn zu tun. Erst wenn ich Sinn erfahre, an welchem Platz auch immer, kann ich glücklich sein. Und für den, der glücklich ist, gibt es keine Sinnkrise. Dafür kann man auch etwas *tun*: Um Sinn in meinem Leben zu erfahren, brauche ich eine Vision und muss dann auch auf sie hinarbeiten. Wer glücklich werden will, muss sich in Bewegung setzen. Für viele ist das schon zu viel. Aber so viel ist sicher: Bequemlichkeit, Tagträume und noch so süßes Nichtstun – das führt nicht zum Glück.

Mehr als Wellness

In den Flugzeugen gibt es einen Kanal, der nur Wellnessmusik spielt – so seicht, dass ich auf langen Flügen dabei nicht einmal wegdösen kann. Wellness als Gemütlichkeitsfeeling, in dem man sich einrichten kann, ist kein Glück. Es führt nicht weiter. Bei Rundumwellness ist das nicht anders. Ich habe kürzlich ein Wellnessangebot zugeschickt bekommen, das darin bestand, mich in Heubäder zu legen, mit allem Drum und Dran. So etwas muss nicht schlecht sein. Aber auch das ist kein Glück.

Genauso wenig wie das Kitschbild der guten Fee, wenn es jenseits der Kinderphantasie auftaucht. Ich war in Berlin bei guten Freunden. Am Abend wollten wir ausgehen. In einem Restaurant trafen wir auf eine solche „gute Fee", die Bedienung in diesem Restaurant. Ein ätherisches rosa Gewand umhüllte sie, sie schien im Schwebezustand, wedelte mit einer Art Zauberstab und meinte, sie könnte oder müsste damit Menschen glücklich machen. Esoterisches Pseudoglück light.

Glück ist Überschuss, es schnellt über den Behaglich-keitspegel hinaus. Wahres Glück ist auch mehr als Ge-fühl. Es ist etwas ganz anderes als ein Wellnessverspre-chen, das man mit Geld herbeiwedeln kann. Es ist mehr und etwas anderes als Spaß oder ein emotionaler Kick. Es ist eine besondere, eine abgehobene Erfahrung. Glück ist schwer zu definieren oder beschreiben, aber man kommt ihm näher, wenn man davon erzählt.

Ich bin dem Glück begegnet

Wenn ich erzählen sollte, was meine persönlichen Glückserfahrungen sind, würde es mir schwerfallen, et-was herauszuheben. Ich freue mich an so vielem. Es sticht nicht irgendetwas heraus. Aber sicher ist schon einmal: Es gibt kein wirkliches Glück, das „gegen" je-manden gerichtet ist. Ich selber bin immer dann glück-lich, wenn ich unter Menschen bin, wenn ich Menschen froh machen kann. Es kommt doppelt zurück.

Zum Beispiel als ich in St. Ottilien mit einem Novizen ins Gespräch kam. Wie ich mich fühlte, wenn ich wieder da sei, fragte er mich. Ich meinte: „Ach, hier fühle ich mich richtig zu Hause. Und ich freue mich, wenn ich mal endlich wieder ganz da bin." Darauf antwortete er: „Und wir auch."

So etwas tut einfach gut.

Oder dies: Im Flieger von München nach Hamburg habe ich ein kleines Mädchen, etwa drei oder vier Jahre alt, mit allerlei Unsinn unterhalten, damit sie nicht weinte. Beim Aussteigen sagte ich zu ihr: „Weißt du, du bist schon ein echter Goldschatz." Da schaut sie mich an und sagt: „Du aber auch!"

Das sind die kleinen Glücksmomente. Glück hat mit Resonanz und Beziehung zu tun. Ich weiß nicht, ob man mit Geld glücklich werden kann. Ich würde eher sagen: Willst du jemand unglücklich machen – gib ihm sehr viel Geld! Der wird sich ständig sorgen, wo er am besten investiert. Sicher, wenn einer nichts hat, kann er auch unglücklich sein. Eine Grundsicherung muss gegeben sein. Gesellschaften, in denen die materielle Sicherheit da ist, sind glücklicher.

Es gibt kein einsames Glück. Beziehung – danach verlangt auch das Glück, das man erfahren hat. Man will es mitteilen. Jemand hat gesagt: Glück kommt selten allein. Allein kann man nicht glücklich sein. Glücklichsein – was das bedeutet, sieht man auch an der Frau aus dem Gleichnis im Evangelium, die die Drachme wieder gefunden hat. Diese Frau rennt zur Nachbarin, um ihr das mitzuteilen. So erzählt es das Gleichnis Jesu: Glück drängt danach, sich mitzuteilen.

Man kann zwar still dasitzen und für sich glücklich sein: Das sogenannte „stille Glück" gibt es natürlich. Aber Glück neigt doch eher dazu, die Grenze der eigenen Erfahrung zu überschreiten.

„Mei! Hast es gehört!"

Da gibt es nur eine Antwort: „Ja. Und Wie!"

Glück ist immer auch Offenheit für etwas Größeres. In diesem Sinn sind auch Naturerfahrungen Glück für mich. Man kann als Biologe das Zwitschern und den Gesang der Vögel natürlich auch wissenschaftlich einordnen, als Balzruf oder Revierabgrenzung etwa. Ich höre es als Schöpfungszustimmung und als Ausdruck elementarer Lebensfreude. Einmal, an einem Frühlingsmorgen im Innenhof unseres Klosters S. Anselmo in Rom:

Der Morgen war noch grau, ich musste in aller Frühe, um viertel nach fünf, zum Flughafen fahren, und draußen sang eine Nachtigall. Ich hielt inne und lauschte und lauschte. Gerne hätte ich länger verweilt; ich war einfach verzaubert. Doch ich musste weiter.

Viele nehmen diese einfachen Dinge nicht einmal wahr. Dabei sind sie *das* Geschenk des Lebens. Glück ist auch immer *Geschenk*. Nichts aus dem Warenhauskatalog, nicht zu kaufen. Wenn ich etwa am Meer sitze und zuschauen kann, wie die Sonne geradezu zischend ins Grünblau des Ozeans sinkt – dann ist auch das Glück.

Um glücklich zu sein, muss ich eine gewisse Wahrnehmungsfähigkeit haben. Ich muss aber auch bereit sein, mich anzustrengen. Wie beim Bergsteigen: Wenn man nach einem anstrengenden Aufstieg am Gipfel angekommen ist, sind das vielleicht die schönsten Glücksmomente. Weil sie geschenkt sind. Man kann etwas dafür tun, aber sie nicht *machen*.

Gerade in Begegnungen mit Menschen erfahren wir Glück. Ich selber bin im Kloster vielen Menschen begegnet, die das lang anhaltende Glück eines zufriedenen Lebens ausstrahlen. Meistens waren es einfache Menschen. Mein alter Prior zum Beispiel. Der Erzabt Suso hatte ihn einmal gefragt: „Pater Prior, stimmt es wirklich, dass Sie sich über nichts ärgern?" Die Antwort: „Warum sollte ich denn, ich bin doch kein Rindvieh!" Und er erzählte später weiter: „Da war der andere schon wieder beleidigt, weil er gemeint hat, ich habe gesagt, er sei ein Rindvieh." Echter Allgäuer Humor.

Am meisten haben mich im Kloster immer unsere Laienbrüder beeindruckt. Einer von den Brüdern aus St. Ottilien etwa, Bruder Adolf. Er war Pförtner und ein glücklicher Mensch. Er hat auch die japanischen Zenmönche, die bei uns zu Besuch waren, tief beeindruckt. Er diente schon 50 Jahre auf dieser Stelle. Sie sagten: „Unglaublich, dieser Mann hat nie Karriere gemacht und strahlt so viel Freude aus."

Gerade diese Brüder, an die ich denke, waren gereifte Menschen, die nie ihr Glück auf den Straßen der großen Anerkennung suchten. Sie legten keinen Wert auf äußere Würden. Solche Menschen beschränken sich auf das Eigentliche. Sie sind unabhängig und frei von Ehrgeiz, Besitzsucht oder der Sehnsucht nach Titeln. Sie sind einfach ausgeglichener. Nicht neidisch. Nicht süchtig. Nicht gierig. Sondern: Gelassen und heiter. Glück hat also nicht nur etwas mit einem einfachen Gemüt zu tun. Es hat auch mit dem „guten" Leben zu tun.

Jenseits der Klostermauern gibt es sie natürlich auch, diese glücklichen Menschen, die etwas Positives ausstrahlen und in deren Nähe man sich nur wohlfühlt. Und es gibt die sogenannten „Glückskinder": Menschen, denen es in die Gene gelegt scheint oder denen es anerzogen wurde, das Leben nicht zu schwer zu nehmen. Denen die Sicherheit, dass das Leben so schwer nicht ist, schon von Kindesbeinen an von den Eltern vermittelt wurde. Auf solchem Boden kann die Leichtigkeit des Seins wachsen. Einem solchen Menschen ist als Kleinkind schon vermittelt worden: Wohin du auch fällst, du wirst aufgefangen. Wir sind für dich da. Und später konnte dann daraus eine gereifte, echte Sicherheit im Leben werden.

Aber auch die anderen gibt es. Wer vom Glück redet, redet eben vom Menschen mit seinen Schwächen, Stärken und Widersprüchen. Und selbst große Geister sind nicht frei von diesen Widersprüchlichkeiten. Sigmund Freud, der sagte, dass das Glück im Buch des Lebens nicht vorgesehen sei, hat bekanntlich immer wieder Lotterielose gekauft – und sich davon einen Geldsegen erhofft.

„Muss ich jetzt von früh bis spät hallelujah rufen?" so grantelt Aloysius, der Münchener im Himmel, der „zefix halleluja" flucht, weil er das ewige Glück nicht aushalten kann. Weil das unmenschlich langweilig ist für ihn.

Sicher ist: Nicht alles geht gut im Leben. Es gibt auch Dinge, die schief laufen. „Shoot", sagte mein früherer amerikanischer Prior von S. Anselmo in einem solchen Fall. Er wollte als feiner Mensch nicht das parterre Wort „shit" gebrauchen. Ein positiver Zustand dauert nicht ewig. Man hat das Glück mit einem Rad verglichen, das nicht still steht, sondern sich ständig weiterdreht. Früher hat man gesagt: „Auf jeden November folgt ein Mai." Der November ist die triste Zeit, der Monat des Nebels. Der Mai ist der Monat der Sonne und der Klarheit. Ich habe nicht selten ironisch darauf geantwortet: „Auf jeden Mai folgt ein November."
    Auch das ist wahr.

Das Glücksrad dreht sich weiter und lässt die purzeln, die eben noch oben waren. Auch das Unglück gehört zum Leben. Zum Beispiel ein Verkehrsunfall. Unglück kann plötzlich wie ein Blitz einschlagen, sich aber auch wie ein langer Schatten über ein Leben legen und es auf Dauer verdüstern. Menschen, die den falschen Partner geheiratet haben und es zu spät merken, werden unglücklich.

Angst ist ein Glückskiller, sie tötet die Freude und die Freiheit. Zum Glück gehört Angstfreiheit. Identität gehört zur Glücksfähigkeit: Ich muss wissen, wer ich bin. Wenn ich glücklich werden will, darf ich auch nicht von starken Zukunftssorgen „besetzt" sein. Viele Menschen unserer Zeit aber haben Angst davor, wie es weitergeht. Sie befürchten den Verlust des Arbeitsplatzes und den Wegfall ihrer materiellen Basis. Die einen haben den Arbeitsplatz verloren, die anderen treibt die Sorge um, dass sie ihn verlieren werden.

Man sagt: „Ein Unglück ist über mich hereingebrochen". Ein Unglück ist meistens ein längerer Zustand oder etwas mit lang anhaltender Wirkung. Damit ist nicht ein Auffahrunfall gemeint, der eine Beule im Auto verursacht hat. Das geht tiefer.

Vor längerer Zeit traf ich eine Gruppe von jungen Leuten zu einem Gespräch. Einer war dabei, der sehr traurig ausschaute. Um dahinter zu kommen, was diesen jungen Menschen bedrückt, habe ich eine schriftliche Frage an alle gestellt: Was war mein glücklichstes und unglücklichstes Erlebnis? Der Betreffende schrieb: „Mein glücklichstes Erlebnis waren die Geschenke bei der Erstkommunion, weil ich gemerkt habe, dass mich die Leute mögen." Das unglücklichste war, als er merkte, dass seine Eltern sich auseinanderlebten und es zur Scheidung kam. Das wirkt auf einen Menschen und auf ein Kind ganz besonders. Das ist, als ob die Welt zusammenbricht. Für immer. Im Glück ist die Welt stimmig. Im Unglück ist sie aus der Fassung gebracht.

Glück ist nicht einmal eindeutig vom Unglück zu unterscheiden. Friedrich Torberg lässt in seiner „Tante Jolesch" jemanden sagen: „Gott bewahre uns vor allem, was *noch* ein Glück ist". „Glück im Unglück" ist natürlich etwas Relatives. Aber wahres Glück kann auch in größter Not möglich sein. Wenn etwa nach einer Überschwemmung der Mann, der alles verloren hat, zu seiner Frau sagt: „Ich habe aber noch dich!" Das ist tiefste Glückserfahrung – bei aller Not. Hier strahlt etwas auf, etwas Wesentliches, was man vielleicht vorher als selbstverständlich genommen hat. Oder ein anderes Beispiel: Wenn in einer Familie ein schwerbehindertes Kind aufwächst, ist das zunächst sicher ein Unglück. Es fordert Kraft – und es bringt doch auch wieder Glück, zu erleben, dass dieses Kind glücklich sein kann.

Was wirkliches Glück ist, darüber herrscht selten Einigkeit. Aber eins ist unbestritten: Glück anstreben und Unglück vermeiden, das ist ein tiefer Antrieb in allem, was wir tun. Wie das allerdings zu bewerkstelligen ist, da gehen die Meinungen auseinander. Es gibt aber eine Art Glückswissen der Menschheit, also die reflektierten Erfahrungen der Menschen darüber, wie wir Leid vermeiden und Glück erreichen können. Das ist nützlich. Denn wenn wir uns bewusst machen: Es kann auch anders gehen – dann kann das auch vor Traurigkeit bewahren und zu größerer Freiheit und Gelassenheit befähigen.

Es gibt eine orientalische Parabel über den Umgang mit den Unwägbarkeiten und Wechselfällen des Lebens – auch eine Geschichte über die richtige Einstellung zum Glück. Sie erzählt von einem König, der verlangt, dass ihm seine Berater einen Ring geben. Er soll ihn aufmuntern, wenn er traurig ist und ihn vor Übermut bewahren, wenn er sich im Zustand des Glücks befindet. Die Weisen beraten sich lange. Und sie schenken ihm schließlich einen Ring mit der Inschrift: „Auch das geht vorbei!"

Auch die Tugenden gehören zu dem Glückswissen der Menschheit. Von ihnen handelt dieses Buch.

Mehr als Chemie

Viel Geld bringt nicht automatisch Glück. Weil man immer mehr möchte. Fragt man Menschen, was sie glücklich macht, sind es selten äußere Dinge. Es ist das Liebesglück oder die Geburt der Kinder. Ein glücklicher Mensch hat Distanz zu den materiellen Dingen. Er lässt sich von ihnen nicht vereinnahmen.

Trotzdem sagen manche: Glück sei materiell, chemisch verursacht. Im Glückszustand treten in der Tat die Glückshormone auf, die Dopamine. Dopamine bewirken einen Schub an Glücksempfinden. Sie wirken aufputschend, wie Adrenalin im Blut. Auch dies ein Mittel, das den Körper leistungs- und glücksfähig macht. Man könnte nun fragen: Ist Glück nur eine chemische Reaktion? Biochemiker unterscheiden da manchmal nicht klar genug. Ohne Dopamin kann zwar kein Glücksgefühl entstehen. Aber Dopamin „ist" nicht das Glück. Es ist ein chemisches Substrat. Natürlich gibt es auch Glücksdrogen, die weitaus wirksamer sind als Dopamine. Haschisch kann Glücksgefühle erzeugen, wie Alkohol, in einem bescheidenerem Maß. Es mag Unglück betäuben, Einsamkeit zudecken oder Stress und Überforderung leichter nehmen lassen. Aber meistens ist es nachher schlimmer als vorher. Wenn man nüchtern ist, kommt der Kater.

Es ist wie mit der Freiheit: Manche meinen, weil chemische Vorgänge ablaufen, sei Freiheit selber chemisch bedingt. Aber das ist nur die äußere Form. Ich werde sicher nicht durch die Chemie angetrieben. Aber die Chemie muss stimmen. Das Gehirn gehört zur Körperlichkeit des Menschen. Alles hat ein körperliches Substrat. Schon Platon und Aristoteles haben gesagt: Alles besteht aus Materie und Form. Beim Menschen ist die Form nicht total. Daher ist beim Menschen Unsterblichkeit möglich. Die Chemie ist das Substrat, das Glücksgefühle auslöst. Dass man Glücksgefühle erzeugen, aber Glück nicht herstellen kann, heißt freilich nicht, dass man nicht auch etwas tun kann für sein Glück.

Sisyphus – und das Glück der Tüchtigen

Glück ist auch, wenn die eigene Leistung so gewürdigt und anerkannt wird, dass man sich selber als Person „gesehen" fühlt. Nach meiner Zeit an der Oberrealschule in Memmingen wurde ich, zusammen mit einem anderen Schüler, plötzlich zum Schulleiter gerufen. Jeder von uns bekam 50 D-Mark. 1951 war das viel Geld. Es hat mich mit einer riesigen Freude erfüllt. Ich empfand das als Anerkennung meiner Leistung. Zum ersten Mal hatte ich selber etwas verdient. Ich war stolz. Es war eine echte Freude.

Glück ist nicht der bloße Zufall. Obwohl: Auch der spielt manchmal mit. Der Erfolg bei Prüfungen, z. B., ist ja meist zum einen Teil Fleiß, zum anderen Glück. Das Glück ist mit den Tüchtigen, sagt man auch. Man ist ja nicht jeden Tag gleich gut drauf. Man hat Tage, an denen man sich nicht wohlfühlt – obwohl man intensiv gelernt hat. Und es gibt Situationen, da kommt eben noch etwas hinzu, wofür man selber nichts kann. Ich habe mich etwa beim Abitur mit zwei anderen vorbereitet. Wir haben in Griechisch in der Vorbereitung genau den Text durchexerziert, der dann in der Prüfung drankam. Wenn das kein Glück ist! Dadurch haben die beiden anderen es auch geschafft. Es gibt also immer wieder mal solche Dinge – bei jedem Examen. Wenn ich gut vorbereitet bin, ist die Chance größer. Es aber so gut zu schaffen – da gehört einfach Glück dazu.

Nicht der Fahrstuhl führt ins Glück. Man muss meistens Treppen steigen. Reine Mühe kann es allerdings auch nicht sein. Albert Camus hat gesagt: Man muss sich Sisyphus als glücklichen Menschen vorstellen. Denn er akzeptiert seine Absurdität, indem er den Stein immer wieder zu seinem Stein zurückkehrt, um ihn erneut den Berg hinaufzustoßen, und damit sich als Herr über sein Geschick erweist. Mir will das nicht einleuchten. Ich sehe wie viele andere in Sisyphos den unglücklichen Menschen, der keine Chance hat, je noch glücklich zu werden. Seine Mühen hören nie auf.

Wenn wir aber in einem tieferen Sinn von Glück sprechen, dann ist das mehr als Mühe und auch mehr als ein zufälliges Ereignis. Es ist die Erfahrung eines inneren Zustands. Wenn Benedikt in seiner Regel am Ende des Prologs sagt: „Da weitet sich das Herz in Freude" – dann meint er genau das. Und er sagt etwas darüber, was wirkliches, tiefes Glück ist. Und darüber, wie es möglich wird.

Kann man sich Jesus als glücklichen Menschen vorstellen? Das hat mich jemand gefragt. Die Frage ist falsch gestellt. Die richtige Perspektive finde ich woanders: Jesus sagt „Ich bin der Weg, die Wahrheit und das Leben" (Joh 14,6). Er ist der *Weg* zum Glück. Alle anderen Glücksverheißungen können im Blick auf diese Verheißung durchschaut werden. Mit diesem Wissen im Hintergrund kann ich fragen, was ist das andere eigentlich letzten Endes Wert?

Kürzlich kam ein bekannter Filmemacher zu mir. Er sagte: „Ich will einen Film über den Heiligen Benedikt machen. Was für mich zeitlebens wichtig war, sagt mir nichts mehr." Dieser Mann – ein schon älterer Herr – hat alles gehabt im Leben. Seine Einsicht: Der Reichtum, der Ruhm – das ist, letztlich, nichts Wirkliches im Leben. Wenn er dem Leben des Benedikt nachgehen würde, so seine Hoffnung, könnte das etwas sein, was ihn auf die Spur des Wesentlichen bringt.

Benedikt war ein Mensch auf der Suche nach Glück und auf den Spuren Jesu. Aber noch einmal: Jesus als glücklicher Mensch? Das Wort Glück greift nicht, wenn ich sein Geheimnis verstehen will. Glück hat mit Irdischem zu tun. Glück – wie wir es landläufig verstehen – ist eine irdische Angelegenheit. Ob Zufallsglück oder Wohlfühlglück – gemeint sind günstige und erwünschte Zufälle oder erwünschte Erfahrungen, Spaß, Lust, Erfolg, intensive positive Gefühle, die zu unserem guten Befinden beitragen.

Jesus war jedoch die Quelle des Glücks für viele. Menschen, die ihn getroffen haben, sind glücklich geworden. Er hat Kranke geheilt und sie befreit, ihnen ein neues Leben geschenkt. Zum Beispiel den Bresthaften am Teich Siloah, von dem das Evangelium erzählt (Joh 9,7). Er war 37 Jahre krank gewesen und nie rechtzeitig ins Wasser gekommen, wenn die heilende Flut kam. Er hatte keine Chance, bis Jesus sich ihm zugewandt und ihm geholfen hat. Das war sein Glück.

Etwas davon spiegelt sich auch noch in unserem Leben wieder. Wir wünschen uns an Silvester ein „glückliches Neues Jahr". Aber: „frohe und gesegnete Ostern". „Glückliches Neues Jahr", das meint: das Positive möge siegen, alles soll sich zum Guten wendet. Das, was einem zustößt, möge – hoffentlich – der gute Zufall sein. Alles ist noch offen. Hingegen „Gott sei Dank", das ist die Botschaft von Ostern. Das eigentlich Entscheidende ist schon passiert. Die Erinnerung an den Sieg über den Tod hat dem launischen Zufallsglück die Grundlage entzogen. Das Urübel des Leidens, der Tod, ist besiegt. Freude ist der Grundakkord.

Von Jesus ging Glück aus. Etwas, das erfahrbar war, mit Leib und Seele. Was das Leben ganz und für immer verändert hat. Und diese Perspektive hat auch Benedikt im Blick, wenn er in seiner Regel sagt: „Sollte es jedoch aus wohlüberlegtem Grund etwas strenger zugehen, um Fehler zu bessern und die Liebe zu bewahren, dann lass dich nicht sofort von Angst verwirren und fliehe nicht vom Weg des Heils. Er kann am Anfang nicht anders sein als eng. Wer aber im klösterlichen Leben und im Glauben fortschreitet, dem wird das Herz weit und er läuft in unsagbarem Glück der Liebe den Weg der Gebote Gottes."

Das ist das Herz der Regel: den Weg der Gebote Gottes im unsagbaren Glück der Liebe zu laufen. Das ist das Zentrum eines guten und geglückten Lebens. Die Gebote sind keine Methode. Sie sind Wegweiser. Sie sind nicht Einengung, sondern ermöglichen gerade die Weite. Benedikt zitiert auch Psalm 34. Da sagt Gott: „Willst du glückliche Tage sehen, dann meide das Böse und tue das Gute. Jage dem Frieden nach." Die Einladung ins Kloster gilt demnach für diejenigen, die glückliche Tage sehen wollen. Ich konnte Johannes Paul II. nicht zustimmen, der einmal sagte, man gehe ins Kloster, um Buße zu tun und Sühne zu leisten: Das ist eine andere Spiritualität.

Es gibt keine Glücksmethode

Es gibt Mädchen, die schön und schlank wie ein Supermodel sein möchten – und magersüchtig werden. Wir müssen lernen, uns selber akzeptieren und unser Selbstwertgefühl nicht von Äußerlichkeiten abhängig zu machen. Glücklich ist jemand, der sich selber in seinem Wert erfährt, mit sich „im Frieden" ist und in sich steht. Nicht durch Vergleich mit anderen, durch Überhöhung oder Abwertung.

Wenn ich etwas kann, etwas leiste, etwas fertiggebracht habe, erfahre ich mich in meinem Selbstwert. Nicht, indem man bestimmte Methoden anwendet, um das Glück selbst zu stimulieren. Sondern indem man seine Begabungen anwendet und seine Ziele erreicht.

In einer großen Illustrierten stand kürzlich: „Wir müssen von den Spitzensportlern lernen. Wir müssen methodisch leistungsfähiger werden." Aber Glück ist nicht methodisch zu erzwingen. Es ist etwas, was sich als Geschenk „einstellt": ein Stück Freiheit. Im Zen-Buddhismus weiß man: Um zur Erleuchtung zu gelangen muss ich etwas tun, ich muss sitzen, schweigen – und trotzdem kann ich sie mir nicht erarbeiten, sie nicht „machen". Es gibt keine „Methode", um Erleuchtung zu erlangen. Wenn ich sie erhalte, ist es ein Geschenk. Erleuchtung muss auch nicht während der Meditation geschehen. Sie kann immer und überall passieren, sogar auf dem Klo. Urplötzlich. Es ist *bliss*, ein Aufblitzen, der Gnaden-strahl. Einbruch einer anderen Wirklichkeit in unseren Alltag.

Im Bayerischen sagt man: „etwas taugt mir", wenn es gut tut und zu mir passt. Tugenden sind in diesem Sinn et-was, das zum Glück „taugt".

Wenn Benedikt Psalm 34 zitiert: „Meide das Böse und tue das Gute. Suche den Frieden und jage ihm nach", dann hängt seine Vorstellung vom Glück ausdrücklich mit einer ethischen Haltung, mit den Tugenden zusam-men. Frieden ist für ihn ein Heilsbegriff, durchaus ver-stehbar als andauerndes Glück – nicht als Momentauf-nahme einer ekstatischen Erfahrung.

Für die alten Mönche ist es selbstverständlich, dass es Glück nur geben kann, wenn es Disziplin gibt, wenn das rechte Maß eingehalten wird, wenn für Gerechtigkeit im Sinne einer weisen Anordnung gesorgt ist. So dass die Starken finden, was sie suchen und die Schwachen nicht davonlaufen.

Auch wenn wir etwas tun können für unser Glück: Ein „tugendsamer Mensch" „tut" nicht ständig etwas. Tu-gend ist keine schweißtreibende Daueranstrengung. Das gerade nicht. Es geht auch um Eigenschaften der Seele, um das rechte Bewusstsein, um Verantwortungsgespür (das man freilich einüben kann).

Klugheit entspringt der Haltung einer Lebenserfahrung, die das Ganze überblickt, die die Dinge wichtig, aber manchmal auch mit Humor nimmt. Mut ist eine Grundhaltung, die zur Wahrheit und zur eigenen Überzeugung steht. Die Ja sagt, wenn sie Ja meint, und Nein, wenn sie Nein sagen will. Gerechtigkeit ist die Fähigkeit eines souveränen Menschen, eine Kunst des Ausgleichens, eine Kunst, alles in Beziehung zueinander zu setzen. Auch sie ist immer mit Freiheit verbunden. Wo keine Freiheit ist, ist keine Gerechtigkeit. Maß zeigt sich in Klugheit und Abwägen. Und Glaube, Liebe und Hoffnung bezeichnen keine konkreten Aktivitäten, auch sie sind Haltungen, die eine befreiende Perspektive auf das Leben selber ermöglichen. Diese klassischen Tugenden beschreiben also keine permanente Aktivität, sondern sind Ergebnis einer Lebensausrichtung und einer Einübung im Guten. Sie stellen sich ein, wenn ein Mensch den rechten, den guten Weg zu gehen sucht. Was anstrengend ist, das sind eher die Sekundärtugenden: Fleiß, Pünktlichkeit, Sauberkeit, Ordnungsliebe. Diese muss man mühsam einüben, sie strengen an.

Tugend ist in der Freiheit verankert. Freiheit ist durch keine Methode zu ersetzen. Sie steht gegen den Wahn der Machbarkeit und die Unfähigkeit, sich etwas schenken zu lassen, gegen die Besessenheit, alles selber zu machen. Kinder können das noch, sich beschenken lassen und auch selber spontan und unberechenbar schenken. Das meint Jesus, wenn er sagt: „Wenn ihr nicht werdet wie die Kinder": Wir sollten andere am Glück teilhaben lassen. Glück ist menschenfreundlich. Wir brauchen keine stolzen Tugendbolde und keine isolierten Hagestolze. Tugend verbindet – und ist mit der Demut verschwistert.

Musiker kennen das Glück der Perfektion, aber sie wissen auch: Wenn ich mir etwas erarbeitet und angeeignet habe, muss ich es ständig wiederholen, es immer wieder neu erarbeiten, um den Standard zu halten. Ich muss Disziplin haben und üben, üben, üben. Bestimmte Läufe verschleifen sich sonst. Man muss immer wieder üben, langsam und beharrlich. Bis man es wirklich geschafft und geklärt hat, bis es sitzt. Im moralischen Bereich ist es nicht anders.

Es ist eigentlich einfach, glücklich zu sein. Aber es ist in den Kompliziertheiten des Lebens natürlich nicht immer leicht, einfach zu sein. Mit der Einsicht oder dem Wissen allein jedenfalls ist es noch nicht getan. Man muss etwas *tun* und den „inneren Schweinehund" überwinden. Wie ein Muskel trainiert wird, so muss auch unser Wille angestrengt werden. Auch Willensfreiheit muss durch Übung, durch Praxis fit gehalten werden.

Und wenn jemand nicht will – wie etwa die geldgierigen Finanzinvestoren? Zugespitzt gesagt: Es könnte helfen, die geldgierigen Finanzinvestoren wie die Alkoholiker auf Entzug zu setzen.

Auch in der Erziehung gilt: Anstrengung und Erfahrung von Freude sind keine Gegensätze. Das wird heute auch zu wenig gesehen. Anstrengung frustriert angeblich und sei nicht zumutbar. Aber dadurch werden schon die Kinder unfähig zum Glück.

Tugenden müssen also beharrlich eingeübt werden, damit sie sich in dem, was man tut, wie von selbst zur Haltung festigen. Man muss auch im ethischen Verhalten – wie beim Erlernen jeder anderen Fertigkeit – ständig dranbleiben, sonst vergisst man wieder. Es ist nicht spontane Lust und zufällige Laune, sondern letztlich Askese, die zur Selbständigkeit und zur Freiheit des Handelns führen wird. Und wenn diese Freiheit erhalten werden soll, muss man sich die guten Verhaltensweisen eben angewöhnen und die schlechten abgewöhnen. Das Erlernen der Sprache des Glücks ist nicht viel anders als das Erlernen einer Fremdsprache.

Tugend kommt im Deutschen von „taugen". In der antiken Philosophie ist die *arete*, die Tugend, die Verwirklichung des Guten im Alltag, taugliche Grundlage für das glückliche Leben. Glücklich wird man nicht durch Negatives. Höchstens Spaß kann man vielleicht so haben. Man kann sich belustigen, sich über jemand lustig machen. Pläsier und Jux mögen einen „Kick" bringen. Rache mag eine süße Lust sein und die Vernichtung eines anderen tief sitzende Instinkte befriedigen. Glück ist es nicht. „Es ist besser Ungerechtigkeit zu erleiden als Unrecht zu tun", sagt Platon.

Tugenden sind in meiner Sicht die heute noch gültige Antwort einer großen Tradition auf die Frage, wie ein erfülltes und gutes Leben glücken kann. Gut leben, das meint, das Rechte zu tun, und zwar so, dass dabei eine Kultur des Zusammenlebens gewährleistet ist, die *allen* gut tut. Tugenden machen nicht unfrei, sondern befähigen unsere Freiheit zu ihren besten Möglichkeiten. *Kalos kai agathos*, sagten die Griechen, wenn sie die ideale reife Persönlichkeit beschreiben wollten und banden damit zwei Ideale zusammen: das Schöne und das Gute. Dafür haben wir begrifflich keine rechte Entsprechung. Aber gemeint ist: Nur wer tugendhaft lebt, kann auf Dauer ein wirklich glücklicher Mensch werden. Die sieben Tugenden sind stabile Säulen für das Haus des Glücks. Es ist kein Haus mit abweisenden Mauern, sondern eines, wo Leben ist, wo Leichtigkeit und Freude wohnen.

3 Von der Gerechtigkeit

Gerechtigkeit – als Ideal bringt das doch nur Märty-
rer oder Fanatiker hervor. Warum soll ich nicht sa-
gen: Das Meine für mich? So komme ich besser
durchs Leben.

Ich brauche die anderen, die anderen brauchen
mich. Wir alle sind aufeinander angewiesen.
Wir können nicht leben, wenn jeder nur an seinen Vorteil denken würde. Ohne Gerechtigkeit
gelingt kein Zusammenleben. Vielleicht bin ich
clever genug, um alle anderen auszutricksen.
Aber werde ich dann glücklich? Wer nicht als
Robinson Crusoe auf einer Insel lebt, braucht
Regeln. Wir sind angewiesen auf einen gerechten Ausgleich.

Als ich vor vielen Jahren von St. Ottilien nach S. Anselmo im Rom übersiedelte, fragte mein damaliger Erzabt: „Haben Sie denn keine Angst davor, im römischen Verkehr zu fahren?" Ich habe schmunzelnd gesagt: „Nein, Vater Erzabt, im römischen Verkehr habe ich mein ganzes Selbstbewusstsein wieder gewonnen, das man mir im Noviziat zerschlagen hat." Römer sind selbstbewusst. Für viele mag der römische Verkehr der reinste Horror sein. Ich selber fahre in Rom leidenschaftlich gerne Auto. Nirgends ist dieser elegante Ausgleich zwischen leben und leben lassen besser sichtbar. Nirgendwo spüre ich das Glück, ein Römer zu sein, intensiver. Und wenn ich dann in Deutschland auf Kreuzungen nach einem Ampelausfall manchmal recht hilflos dirigierende Verkehrspolizisten erlebe, denke ich manchmal schon: Wäre ich doch in Rom!

Im Zentrum von Rom, auf der Piazza Venezia, standen lange Zeit die berühmtesten Verkehrspolizisten der Welt. In diesen Platz münden so viele Straßen, hier fließt so viel Verkehr in so unvorhersehbaren Wellen zusammen, dass ein technisches Ampelsystem nur zum Kollaps führen müsste. Alles zu überschauen, spontan und schnell entscheiden, um den Verkehrsstrom flüssig zu lassen, das ist die Kunst.

Und wenn der Verkehr gut läuft und man selber Teil dieser funktionierenden fließenden Bewegung ist, wenn aus dem möglichen Crash gefährlich eigensinniger Kraftfahrzeuge und potentiellem Chaos eine Leichtigkeit des mühelosen Miteinander wird, dann ist man im Flow (Fluss) des Verkehrs und spürt selber so etwas wie seelischen Flow. Flow, sagen die Psychologen, ist eine Form von Glück, auf die man Einfluss hat.

Als die Olympiade in Montreal, Kanada, stattfand, haben sich die Kanadier die Verkehrspolizisten von der Piazza Venezia als Trainer ihrer eigenen Leute ausgeliehen. Ich erinnere mich an einen süffisanten Artikel in einer italienischen Zeitung: Die römischen Verkehrspolizisten hätten sich in Kanada zunächst nur gewundert, dass Verkehr auch schön geordnet sein und normal laufen könne. Wenn es allerdings zu einer kritischen Situation kam, dann holten die kanadischen Polizisten immer die Experten von der Piazza Venezia. Die Italiener haben eben doch auch im turbulentesten Chaos eine gewisse Distanz, durchschauen die verwirrendsten Realitäten und wissen ad hoc klug und richtig zu entscheiden.

Man muss sich diese italienischen Polizisten im Verkehrschaos der Olympischen Spiele von Montreal als glückliche Menschen vorstellen. Ihr Glück: dass sie auf eingeübte Möglichkeiten zurückgreifen, souverän damit umgehen und der Welt zeigen konnten: Es geht! Wir kriegen das geregelt. Ein Stück Schadenfreude mag darin sein, aber auch Stolz, Selbstbestätigung – eben die Freude, es zu können, während die anderen es nicht gekonnt hätten.

Auch heute noch ist es zu erfahren, im römischen Verkehrsalltag: Wenn einer aus einer Seitenstraße kommt und sich in die Hauptstraße einfädeln möchte, dann lasse ich ihn rein. Ich verliere nichts, aber ich fahre dann selbstverständlich gleich zügig nach, lasse nicht weitere fünf Autos rein. Sondern dann komme ich. Und dann kommt der nächste. In Italien gibt es, anders als in Deutschland, kein Verkehrszeichen, das diesen kleinen Vorgang regelt: Bitte einfädeln lassen. Wenn ich in Deutschland unterwegs und in einer ähnlichen Situation war, habe ich schon oft bemerkt, dass einer höflich sein möchte, bremst, und dann zehn Autos reinlässt. Da denke ich zu Recht auch an mich: Ich bin auch noch jemand und möchte vorankommen. Dieser selbstverständliche Ausgleich – das macht den Unterschied.

Ganz anders als in Rom ist übrigens der Verkehr in Peking. Dort gibt es einen Kampf um Millimeter. In Rom lässt die Eleganz der Gerechtigkeit dem Einzelnen sein Recht. In der Gesellschaft, die sich kommunistisch nennt, gilt nur der Stärkere. Wirklicher Kommunismus würde bedeuten: Ich denke zuerst an das Gesamte, und zuletzt komme ich. In Wirklichkeit ist gerade hier das Hemd näher als die Jacke.

Was ist Gerechtigkeit?

Der römische Verkehr führt uns also ohne Umleitung zur zentralen Frage: Was ist Gerechtigkeit? Und: Wie werde ich mir gerecht – mir, und gleichzeitig meiner Umgebung? Die Antwort gibt mir auch der römische Verkehr: Indem ich dem anderen seine Existenz zugestehe, aber zugleich daran festhalte: Ich bin auch noch jemand. Ich habe auch ein Recht. Und indem ich akzeptiere, dass ich nicht isoliert leben kann, sondern immer auch auf andere angewiesen bin.

Die Frage nach der Gerechtigkeit hat viele Ebenen. Wie verhält sich die oder der Einzelne zur Umgebung, zur Gesellschaft? Wie werde ich mir gerecht *und* der Umgebung? Wie ist der Umgang untereinander zur Zufriedenheit aller zu regeln? Und warum überhaupt Gerechtigkeit?

Wir alle haben das Bedürfnis nach Sicherheit. Auch die Idee der Gerechtigkeit ist diesem Bedürfnis geschuldet. Man spricht von Rechtssicherheit: Gesetze schaffen Richtlinien, damit die Gerechtigkeit möglich wird. Auch hier wieder: Natürlich gibt es Perfektionisten, die absolute Sicherheit wollen und meinen, man könne sie durch immer differenziertere und ausgefeiltere Gesetze herstellen, die allen Eventualitäten Rechnung tragen. Aber absolute Sicherheit gibt es nicht. Jeder Mensch ist und bleibt ein Individuum – mit seiner unverwechselbaren Geschichte, seinen besonderen Prägungen, seinen Hintergründen – und dunklen Abgründen. Man kann nicht die gesamte Wirklichkeit durch Gesetze abbilden und alle Eventualitäten legalistisch auffangen. Keiner weiß, was alles passieren kann.

Es gibt schließlich auch noch die Richter. Ich muss mich verlassen auf das kluge, abwägende Urteil. Die Anwendung der Gesetze führt in manchen Situationen nicht weiter. Dann ist es vernünftiger, sich, ohne einen Gesetzesspruch, untereinander zu vergleichen: Jeder gibt ein Stück nach und keiner verlangt für sich das absolute Recht.

Bei aller Begrenztheit gesetzlicher Regulierung – ohne den grundsätzlichen Anspruch auf Gerechtigkeit gibt es kein Zusammenleben. Auch der forscheste Individualist möchte existieren und in einer Gemeinschaft leben. Er möchte nicht betrogen werden, er möchte nicht durch die Ellbogen der anderen auf die Seite geboxt werden. Das Leben auf einer Insel ist keine wirkliche Alternative, jede Gemeinschaft braucht Regeln, um ihre Existenz zu sichern. Es muss für das Zusammenleben Normen geben, es muss eine Struktur des Ausgleichs da sein. Viele, die auf ihre Freiheit schwören, merken gar nicht, wie sehr sie auf Kosten anderer leben. Es gibt auch eine Verantwortung in der Freiheit. Glück, auch wenn es ein ganz subjektives Erfülltsein und Gestimmtsein ist, ist immer nur im Bezug auf andere und in der Anerkennung ihrer Würde und ihrer Rechte möglich.

Gerechtigkeit regelt grundlegende Beziehungen untereinander. Sie ist eine Gemeinschaftserfahrung. Das stellt
uns vor die Frage: Wie steht es um unsere Gemeinschaft?
Wie gehen wir miteinander um? Oft hat man – besonders,
wenn man an Kranke und Alte in unserer Gesellschaft
denkt – den Eindruck: Eigentlich nur mehr wie mit Waren.
Wir müssen also auch von Liebe reden, wenn wir von Gerechtigkeit sprechen. Die Ökonomisierung von Beziehungen führt in die Irre. Wir Menschen suchen menschliches
Miteinander. Wir brauchen Gemeinschaft und sind aufeinander angewiesen. Das beginnt bereits bei der Geburt
eines Kindes. Ein Kind braucht nicht nur die äußere Ver-
sorgung, sondern auch die liebevolle Zuwendung der Eltern, um vertrauensvoll das Leben angehen zu können.
Ein Kind hat das Recht auf diese liebevolle Zuwendung.
Ein heranwachsender Mensch ist ebenfalls auf Zuwendung und Freundschaft angewiesen. Ähnliches gilt für unser ganzes Leben. Nur wenn echte, liebevolle Beziehungen
da sind, kann der Mensch zum Menschen werden. Nur so
kann auch Gemeinschaft „glücken".

Gott hat den Menschen, gerade auch den schwachen und
armen, diese Zuwendung geschenkt und ihn dadurch
geheilt. Jesus hat die übliche Ordnung in unserer Welt
auf den Kopf gestellt: „Die Könige herrschen über ihre
Völker, und die Mächtigen lassen sich Wohltäter nennen.
Bei euch aber soll es nicht so sein, sondern der Größte
unter euch soll werden wie der Kleinste, der Führende
soll werden wie der Dienende." (Lk 22,25f.) Bei Matthäus
folgt die Erläuterung: „Denn auch der Menschensohn ist
nicht gekommen, um sich dienen zu lassen, sondern um
zu dienen und sein Leben hinzugeben als Lösegeld für

viele", (Mt 26,28) – ein Dienst bis zur Selbsthingabe und Selbstaufgabe. Das christliche Programm ist eine Alternative zur heutigen Kultur des Anspruchsdenkens und der Selbstverwirklichung.

Der Mensch kann sich nicht im Alleingang verwirklichen. Er braucht die andern, die andern brauchen ihn. Der abendländische Mönchsvater Benedikt von Nursia weist in seiner Regel den Abt an, „den Eigenarten vieler zu dienen". (RB 2,31) Der Abt soll auf jeden eingehen, *ihm gerecht* werden und ihn dadurch zu seiner menschlichen Entfaltung bringen, den Starken wie den Schwachen, und die Brüder sollen einander und den Gästen dienen, als ob sie Christus dienten. Dienen stiftet menschliche Verbindung. Es geht nicht um ein hierarchisches Oben und Unten, sondern um die Achtung und Förderung eines jeden. Jeder ist wertvoll. Und deswegen hat jeder auch Rechte. Das führt auch wieder zu Verantwortung – und zu Verbindlichkeiten. Bindungen machen erst mitmenschliche Gemeinschaft möglich, und menschliche Gemeinschaft gehört zu den Grundsehnsüchten des Menschen. Hierin kann er sich entfalten, seine Beheimatung und Geborgenheit finden.

Den anderen im Blick haben, das heißt nicht, dass jeder das Gleiche haben muss. Benedikt hat in seiner Regel ein Kapitel „Vom Eigenbesitz des Mönches". Dort heißt es: „Man halte sich an das Wort der Schrift: jedem wurde so viel zugeteilt wie er nötig hatte. Damit sagen wir nicht, dass jemand wegen seines Ansehens bevorzugt werden soll, was ferne sei. Wohl aber nehme man Rücksicht auf die Schwachen. Wer weniger braucht, danke Gott und sei nicht traurig. Wer mehr braucht, werde demütig wegen seiner Schwäche und nicht überheblich wegen der ihm erwiesenen Barmherzigkeit. So werden alle Glieder der Gemeinschaft in Frieden sein." Das ist der Dienst – am Einzelnen und an der Gemeinschaft. Gerechtigkeit ist nach diesem Prinzip nicht: jedem dasselbe, sondern: jedem das Seine, d. h. das, was er braucht.

Die Gesetze, das Recht und die Gerechtigkeit

Die Erzabtei St. Ottilien hat vor etlichen Jahren, in einer Zeit aufgeregter öffentlicher Debatten über Asylanten, einer kurdischen Familie mit sechs Kindern über sechs Jahre Kirchenasyl gewährt. Ein Helferkreis hatte sie zu uns gebracht, für zwei Wochen hieß es. Sie sollten bei uns „geparkt werden", wie man sagte, bis das letzte Urteil gefällt war. Das Urteil wurde gefällt. Es war negativ für sie.

Gesetze regeln das Zusammenleben. Die Anwendung der Gesetze muss aber noch lange nicht zum Recht führen. Gerechtigkeit entsteht erst, indem ich auf den ganzen Menschen Bezug nehme. Was aber, wenn die Anwendung des Gesetzes zum Tod der Menschlichkeit führen würde?

Wenn ich nach dem geltenden deutschen Gesetz und einer engen Auslegung vorgegangen wäre, hätte ich diese Menschen sofort wieder der Polizei ausliefern müssen. Der Innenminister hat mich daraufhin einmal angerufen und gefragt: „Stimmt es, dass Sie heute vor dem Innenministerium eine Demo machen?" Ich habe ihm gesagt: „Si non è vero è ben trovato. – Sollte es nicht wahr sein, so ist es zumindest gut erfunden. Aber Herr Minister, Sie bringen mich da auf eine gute Idee." Als Beamte des Grenzschutzes den Vater schließlich bei einem Spaziergang außerhalb des Klostergeländes aufspürten und verhafteten, kam es zu einem offenen Konflikt mit den Behörden über die Frage der Abschiebung. Ich habe bei dem damaligen christlich-sozialen Innenminister Günther Beckstein interveniert, der als asylpolitischer Hardliner galt. Es gab eine heftige Debatte, und ich habe ihm gesagt: „Wenn Sie die Gesetze voll anwenden, haben Sie zwar Recht. Aber wenn Sie den Vater der Familie in die Türkei zurückschicken, ist das der Anfang vom Ende der Familie. Es muss eine Alternative zu dieser Zerstörung geben. Es muss einen Weg geben, den wir als Christen gehen können, damit das gerade nicht passiert." Günther Beckstein – der als Synodaler der Evangelischen Kirche diesen Widerspruch durchaus selber spürte – fand in der geltenden Gesetzeslage zunächst kein Schlupfloch, um etwas anderes als die Ausweisung zu rechtfertigen.

Aber schließlich öffnete sich auch für den Minister ein Weg, um der Gerechtigkeit gegenüber dem Gesetz zum Recht zu verhelfen. Die Familie musste in ein europäisches Drittland. Das war damals Polen, wo die Caritas in Breslau bereit war, sie aufzunehmen und die Behörden eine zeitlich befristete Aufenthaltsgenehmigung erteilten. Das war ein kreativer Weg, der den Gesetzen nicht widersprach. Und auch wenn ich der Meinung war, dass man auch unsere Gesetze entsprechend menschlich hätte auslegen können – ich kann verstehen, dass der Innenminister, der in seinem eigenen Amt von Hardlinern angegriffen wurde, diesen Weg ging. Es gibt diese Hardliner. Sie verfügen weder gerade über die Tugend der Gerechtigkeit, noch sind sie unbedingt kluge Menschen.

Im Hunger nach Gerechtigkeit ist die Gerechtigkeit selbst schon wirksam. Nur wer sie kennt und vergegenwärtigt, wird sich schließlich für sie einsetzen. Wenn ich Gerechtigkeit geschaffen habe und sehe, wie neues Leben blüht – kann das Glück sein. Als die kurdische Familie, der wir Klosterasyl gewährt haben, aus der Abschiebung wieder nach Deutschland zurückkehren konnte – mein und unser Empfinden kann nicht anders denn als Glück beschrieben werden. Nicht aus einem Gefühl heraus, einen Sieg errungen zu haben, sondern weil eine Familie überleben konnte und endlich eine stabile Zukunft hatte. Dem einzelnen gerecht werden, ihm das geben, was er braucht, um sein Leben entfalten zu können – das ist Gerechtigkeit.

Wenn Ungerechtigkeit herrscht, gibt es keine Freiheit und damit auch kein Glück. Aber andererseits: Gerechte Zustände machen noch kein Glück aus. Es gibt auch eine eiskalte Gerechtigkeit. Und es gibt strukturelle Ungerechtigkeit: wenn Menschen so abgeschöpft und ausgebeutet werden, dass sie selber nicht mehr überlebensfähig sind.

Gerechtigkeit braucht Verwirklichung. Gerechtigkeit einfordern ist das Eine. Selber gerecht handeln, Recht schenken, ist genauso wichtig.

Neue Ungerechtigkeiten

Ungerechte Strukturen erzeugen neue Ungerechtigkeit. Ein Blick nach Palästina oder in die Favelas Lateinamerikas zeigt das. Aber bleiben wir bei uns: Ein aktuelles Beispiel: die Frage der Managergehälter. Vorstandsvorsitzende haben Höchstgehälter verlangt, auch nachdem sie das Unternehmen ruiniert haben. Bankmanager haben ihre vertraglich zugesagten hohen Bonuszahlungen eingefordert, auch wenn die wirtschaftlichen Umstände des Unternehmens dagegensprachen. Da stellt sich nicht nur die Frage nach dem rechten Maß, sondern auch nach der strukturellen Gerechtigkeit: Die einen verarmen und die anderen wissen nicht mehr, wohin mit dem Geld. Ich bin im Prinzip dagegen, dass in solchen Situationen immer der Staat eingreift. Das würde freilich, etwa bei Banken, das Verantwortungsbewusstsein voraussetzen, dass sie selber eine Aufsicht einführen, und sich den selbstauferlegten Regelungen unterwerfen. Es ist ein Armutszeugnis für die Elite unserer Führungskräfte, wenn sie von außen gegängelt werden muss. Sie selber ist offensichtlich nicht mehr fähig zur Selbstkontrolle und zur Wahrnehmung der Situation anderer, denen es wirtschaftlich immer schlechter geht.

Ein anderes Beispiel: der Mindestlohn. Ich halte ihn an sich für überflüssig. Jeder sollte den gerechten Lohn bekommen. Es gibt aber das Faktum des Lohndumping. Dem versucht der Mindestlohn gegenzusteuern. Eigentlich ein Armutszeugnis für eine Wirtschaft, die nicht fähig ist, sich selbst zu regulieren.

Solche Regulierungen von außen schränken die Freiheit ein. Gerechtigkeit liegt also auch am ganz persönlichen Willen der handelnden Akteure, gerecht zu handeln. Offensichtlich sind sie als Individuen damit überfordert.

Das ist keine generelle Unternehmerschelte. Denn es gab nicht nur in der Vergangenheit Unternehmer wie Krupp und Siemens, die sehr verantwortungsvoll handelten aus einem sozialen Impuls heraus, die Betriebsrenten einführten etc. Aber wenn es – wie heute üblich – nur darum geht, schnellen Gewinn zu machen, ihn an der Steuer vorbei zu transferieren und ansonsten mit der Abwanderung ins Ausland zu drohen, dann bin ich deutlich genug, zu sagen: „Geht ruhig, wir brauchen euch gar nicht!" Natürlich hängt es zu guten Teilen vom Geschick der Manager ab, ob eine Firma floriert oder nicht. Aber es gibt zur Schande des Managerstandes auch die, die sich schamlos verhalten, große Unternehmen an die Wand fahren und dann noch zig-Millionen abkassieren, und jede Schuld weit von sich weisen. Aber wer wird je einen für den Schiffbruch verantwortlichen Kapitän auch noch belohnen? Manager, die ihre Verantwortung nicht wahrnehmen und immer wieder auf die Füße oder in vergoldete Betten fallen, gefährden den sozialen Frieden in einer Gesellschaft und verstoßen fundamental gegen die Gerechtigkeit.

Die dubiosen Geschäfte laufen inzwischen wieder weiter wie eh und je. Die Leute werden weiter betrogen, und es geht weiter darum, möglichst viel Geld in die eigenen Taschen zu erwirtschaften.

Es geht nicht darum, zu leugnen, dass Menschen in anstrengenden Führungspositionen für ihren Lebensstil mehr brauchen als ein anderer, der abends um fünf Uhr Feierabend machen kann. Eine Führungsperson, die Tag und Nacht beschäftigt ist, soll ruhig mehr haben. Der Chef der Deutschen Bank soll durchaus seinen Privatflieger haben. Kein Anlass, neidisch zu sein. Unterschiedliche Verantwortungsposten brauchen unterschiedliche Lebensstile, und diese stark in Anspruch genommenen Menschen sollen auch noch einigermaßen frei atmen können. Und ohne eine Privatmaschine könnte er sowieso seinen Verpflichtungen terminlich nicht nachkommen. Aber erst wenn ich sagen kann: Ich habe so und so viel, und ich brauche nicht *mehr*, kann ich glücklich sein. Denn erst dann bin ich nicht mehr abhängig. Erst dann werde ich nicht mehr getrieben. Und erst dann beherrschen mich weder Angst noch Gier. Nur Freiheit macht glücklich.

Solche Menschen würden anders denken, wenn sie, wie der hl. Benedikt es seinen Mönchen rät, im Angesicht des Todes leben und berücksichtigen würden, dass alles nur geliehen ist. Dann würde es auch in unserer Gesellschaft anders aussehen. Freiheit und Verantwortung gehören zum Glück. Auch ein millionenschwerer Banker wird erst dann glücklich, wenn er sagt: Ich brauche eigentlich nicht mehr. Natürlich ist Eigentum nichts Schlechtes. Wer viel hat, kann viel Gutes tun. Aber zur Freiheit führt nur die Selbstbescheidung.

Diese Position steht übrigens nicht im Widerspruch zu meiner Überzeugung, dass Hartz-IV-Empfänger die Verantwortung tragen, nach Möglichkeit selbst wieder hochzukommen. Sozial denken bedeutet, dem Menschen die Voraussetzungen zu vermitteln, dass er sich selber erhalten kann. Die dazu nicht in der Lage sind, sollten Hilfe auch tatsächlich bekommen. Das könnte auch einen höheren Satz von Hartz-IV bedeuten. Aber das erste Bestreben muss bei jedem sein, die Freiheit zu haben, sich selbst zu erhalten. Auch das gehört zur Gerechtigkeit – und zum persönlichen Glück.

Größer als unser kleiner Interessenbezirk

Die Menschheit, meinen manche ironisch, lässt sich in zwei Gruppen einteilen: die „Gerechten", also die Guten, und die „Ungerechten", also die Bösen, und natürlich nehmen die „Selbstgerechten" diese Einteilung vor.

Der Selbstgerechte will immer als der Bessere dastehen, sich ins Zentrum stellen und von da aus die Welt bewerten. Seine Beziehungen sind von der Stereotype bestimmt: Schuld ist immer der andere. Wirkliche Gerechtigkeit meint aber gerade das Absehen von sich selber und das Hinschauen auf die Welt, wie sie ist. Sie setzt sich immer in Beziehung zu anderen und zieht so die Konsequenz aus dem, was offenkundig ist: Wir sind eingebunden in eine Gemeinschaft von Menschen. Und: Die Wirklichkeit ist größer als unser kleiner Interessenbezirk.

Erstaunlich, welches feine und elementare Gerechtigkeitsempfinden schon Kinder haben. Die fussballbegeisterten Kinder einer befreundeten Familie haben bei der Weltmeisterschaft ihr Interesse am Spiel der deutschen Mannschaft verloren, als im Spiel gegen England ein offensichtliches Tor nicht gegeben wurde. Sie wollten die Fortsetzung der Übertragung nicht mehr sehen – obwohl doch „ihre" Mannschaft im Vorteil war. Kinder spüren intuitiv, wenn etwas nicht stimmt.

Das kann auch positive Energie freisetzen. Kürzlich sah ich den Jahresbericht von Mädchen der Impulsschule Wurmsbach, einer Schweizer Klosterschule. Die Mädchen – im Alter von 11–17 Jahren – hatten sich Gedanken gemacht über Glück, Sinn und das rechte Leben. Da hatte sich ein Mädchen während der Fastenzeit mit dem Thema Straßenkinder beschäftigt. Danach schrieb sie eine Geschichte über eine 13-Jährige. Im Vorspann zu ihrem Text las ich: „Wenn ich diese Geschichte schreibe, schäme ich mich, ein verwöhntes Schweizer Mädchen zu sein, das alles hat und kaum um etwas kämpfen muss. Warum bin ich privilegiert und muss meinen Lebensunterhalt nicht so hart erkämpfen? Warum habe ich so viel Glück, obwohl ich es kaum verdient habe?"

Hier regt sich Gerechtigkeit als Gefühl. Gerechtigkeit ist eines der grundlegenden Ideale, neben Gemeinschaft und Liebe, die einen absoluten Anspruch haben und sich daher auch emotional verankern. Gerechtigkeitsempfinden überschreitet die eigene kleine Welt und richtet sich auf das Ganze. Gerechtigkeit bleibt ein Ideal, das uns lebenslang herausfordert. Ein junger Mensch muss mit der Zeit und oft schmerzlich lernen, dass die Gerechtigkeit als absoluter Wert nicht zu verwirklichen ist. Man kann für die Gerechtigkeit kämpfen. Aber man darf dabei nicht über Leichen gehen oder sie durch Terror herbeibomben. Dass es auch das gibt, spricht freilich nicht gegen die Idee der Gerechtigkeit. Eine Idee ist nicht dafür verantwortlich zu machen, dass auch Fanatiker an sie glauben.

Es gibt kein absolutes Recht

Oskar Schindler, der Tausenden Juden das Leben gerettet hat und von den Juden zum „Gerechten unter den Völkern" ernannt wurde, ist ein Beispiel: Lebemensch, Genießer und Gauner, der mit den Nazis seine krummen Geschäfte gemacht, aber in einem bestimmten Augenblick auch erkannt hat, was er als Mensch tun muss. So scharf verlaufen die Trennlinien zwischen gut und böse, zwischen gerecht und nicht ganz so koscher im Leben offensichtlich nicht. Menschen sind nicht nach schwarzweißen Mustern gemacht.

Menschen können sich ändern, allerdings nicht nur zum Guten. „Michael Kohlhaas", eine Novelle von Heinrich von Kleist, ist typisch für die andere Seite. Die Geschichte zeigt, wie schnell die Suche nach Gerechtigkeit „kippen" kann. Der rechtschaffene Pferdehändler Kohlhaas, dem Unrecht geschieht, kann von den staatlichen Instanzen nicht sein Recht erlangen. Er fühlt sich verstoßen, und versucht, durch offene Rebellion zu seinem Recht zu kommen: Er verwandelt sich vom rechtschaffenen Mann zu einem rücksichtslosen Mordbrenner und verrät dadurch gerade die Tugend, die ihn früher ausgezeichnet hat.

Absolutes Recht ist übrigens auch historisch nicht herstellbar. Sonst müssten die Indianer Nordamerika wieder übernehmen dürfen. Die Bayern müssten Zahlungsforderungen an die Nachfolgerregierung der antiken Römer, an den italienischen Staat also, stellen können. Und die Deutschen könnten sich Schlesien und Ostpreußen wieder holen. Wenn ich mit Afrikanern auf das Thema Kolonialismus zu sprechen komme, sage ich: „Die Römer haben Bayern kolonialisiert. Aber es war, im Nachhinein gesehen, gar nicht so schlecht. Sie haben Strukturen geliefert, die uns immer noch Nutzen bringen. Da wurden Bäder gebaut, Reben importiert und Straßen angelegt, über die wir heute noch fahren. Ich selber bin in Afrika übrigens auch immer wieder einmal auf Wegen gefahren, die von den Deutschen vor dem Ersten Weltkrieg gebaut worden sind." Am Unrecht, das durch den Kolonialismus geschehen ist, ändert das natürlich nichts.

Aber gerade im internationalen Recht kann man nicht mehr alles aufrollen. Irgendwann braucht es einen neuen Ausgangspunkt, um wieder leben zu können. Nur so ist die Versöhnung mit den Polen nach dem Krieg möglich gewesen oder die Integration der jungen Bundesrepublik in das westliche Europa. Nur so ist überhaupt Versöhnung möglich, ob im Großen, wie in der Politik. Oder im Kleinen, etwa in der Ehe. Irgendwann muss man den Punkt setzen, an dem man sagt: Wir blicken nicht mehr zurück, sondern nach vorne und schaffen unsere Beziehungen neu.

Die Zulus kennen dafür einen eigenen Ritus. Wenn zwischen zwei Clans etwa ein schlimmes Unrecht geschehen ist, Diebstahl von Vieh oder auch einmal ein Mord, und es nicht zu einer Eskalation kommen soll, setzen sich die Familien zusammen, bereden die Tat und kommen zu einer friedlichen Einigung. Dann wird Wasser herbeigebracht, und alle waschen sich die Hände. Danach darf niemand mehr darüber reden.

Da es so viel Ungerechtigkeit in der Weltgeschichte gibt, wäre die Wiederherstellung der vollen Gerechtigkeit heute womöglich eine neue Katastrophe. *Fiat justitia, pereat mundus*: Gerechtigkeit um jeden Preis, das wäre der Untergang. *Pereat justitia, fiat mundus*: Es muss viel falsche Gerechtigkeit untergehen, damit die Welt weiter bestehen kann.

Keine Gerechtigkeit ohne Barmherzigkeit

Gerechtigkeit ohne Barmherzigkeit ist Grausamkeit, sagt Thomas von Aquin. Was heißt das konkret? Etwa am Beispiel der Missbrauchsdebatte in Deutschland? Die Diskussion war zu emotionalisiert, als dass man laut hätte sagen hören, was eigentlich für Christen selbstverständlich ist: Auch ein Sünder, auch ein schwerer Sünder, auch der schwerste, darf darauf hoffen, dass Gott ihm vergibt. Natürlich setzt das Einsicht, Umkehr, Reue und Wiedergutmachung voraus. Und natürlich ist das kein Bagatellisieren oder gar das Gutheißen eines Verbrechens. Und natürlich, das ist das Entscheidende, kann das nie ein Freibrief sein, dass alles unter der Decke bleibt und sich nichts ändert.

Sogar ein Kardinal verlangte damals „gnadenloses Vorgehen". Damit kein Missverständnis aufkommt: Barmherzig sein, heißt natürlich nicht: etwas tolerieren. „Null-Toleranz" als Prinzip darf aber auch nicht „Gnadenlosigkeit" bedeuten. Für mich ist selbstverständlich: Auch ein Mitbruder, der schuldig geworden ist, bleibt noch ein Mitbruder. Wie soll ich mit einem Mitbruder umgehen, der sich schwer versündigt hat? Den kann ich nicht einfach verstoßen. Er kann selbstverständlich nicht mehr an seinem Posten bleiben, ganz klar. Im öffentlichen Leben ist es anders als in einer Gemeinschaft, die eher einer Familie gleichkommt. Ich kann auch einen drogenabhängigen Sohn nicht einfach rauswerfen und sagen: „Ich möchte mit dir nichts mehr zu tun haben." Er bleibt mein Sohn. Natürlich kann man einem suchtgefährdeten Kind nicht mit nachgiebigem Verständnis kommen. Gerade ihm zuliebe muss ich unnachgiebig auf eine Therapie drängen. Aber er bleibt mein Sohn. Gerade deshalb muss ich es tun. Sonst würde ich sagen: „Bub, schau dass du weiterkommst!" Das kann ich nicht. Kalte Gleichgültigkeit ist schon deswegen nie eine Lösung, weil sie der Not des anderen nicht gerecht wird. Der hl. Benedikt rät zwar dem Abt, die Fehler beim Aufkommen sofort auszuschneiden, fügt aber bezeichnenderweise hinzu: „mit Liebe" und „wie es dem Einzelnen bekommt".

Gnade vor Recht

Wirkliche Gerechtigkeit verlangt kluge Einschätzung der sich immer wandelnden Wirklichkeit – Flexibilität und eben nicht die starre und sture Buchstabengerechtigkeit.

Als 2008 der RAF-Terrorist Christian Klar begnadigt und entlassen werden sollte und eine Welle der öffentlichen Empörung losbrach, habe ich den Standpunkt vertreten: Man sollte ihm die Freiheit geben, damit er die Möglichkeit hat, sich noch eine Existenz aufzubauen. Ob das klappt, oder nicht, ist damit noch nicht entschieden. Aber das ist meines Erachtens ein ganz wichtiger Aspekt: Auch der größte Sünder muss noch die Chance eines Neuanfangs haben. Damit ist die Vergangenheit nicht gerechtfertigt. Und das begangene Unrecht wird nicht geleugnet. Gerade indem ich Gnade erweise, wird das

Unrecht ja als Unrecht kenntlich gemacht. Man sagt gleichsam: Wenn wir nur vom Recht ausgehen würden, hättest du keine Chance mehr. Aber weil du mir als Mensch noch mehr wert bist, stelle ich den Gesetzesbuchstaben zurück. Auch hier geht es um das Heil des Menschen. „Gnade vor Recht" bedeutet: Der Mensch muss uns das Anliegen sein, gerade dann, wenn die rechtmäßige Anwendung des Gesetzes zum Tod der Menschlichkeit führen würde.

In Strafverfahren gibt es nicht umsonst die Institution der Schöffen. Das sind juristische Laien, die mit dem Berufsrichter zusammen nach einer angemessenen Bewertung einer Tat suchen. Dass man gemeinsam sucht, ein wirklich gerechtes Urteil zu fällen, zeigt: Es geht um mehr als nur um die bloße Anwendung von Gesetzen. Und bei der Bemessung von Strafen kann auch der Richter nach verschiedenen Kriterien das Strafmaß so ansetzen, dass den konkreten Menschen wirkliche Gerechtigkeit widerfährt. Er kann die Höchststrafe verhängen, er kann aber auch den Standpunkt vertreten: Wenn ich ihn so lange ins Gefängnis stecke, kann er, wenn er herauskommt, nicht mehr leben und kaum mehr eine neue Existenz aufbauen.

Vergeben fördert Gerechtigkeit

Dag Hammarskjöld, der immer um Ausgleich und Versöhnung, um Frieden und Gerechtigkeit bemühte Generalsekretär der Vereinten Nationen, der gleichzeitig ein Mystiker war, hat einmal gesagt: „Sich selbst verzeihen? Nein, das geht nicht. Aber wir können an Verzeihung nur glauben, wenn wir selber verzeihen." Wer vergibt, heilt auch sich selbst – sozusagen im Nebeneffekt. Wer

Gerechtigkeit fördert, indem er verzeiht und so einen neuen Anfang ermöglicht, löst sich von einer Last. Nichts verändert die Beziehung zum anderen so sehr zum Positiven, nichts verändert das Gesicht der Welt so sehr zum Glücklichen hin wie das Vergeben. Wer vergibt, wird von der Verstrickung in die Vergangenheit frei, er schneidet das verknotete Band hinter sich ab. Ungerechtigkeit wird als Ungerechtigkeit kenntlich gemacht, aber wir lassen uns von ihr nicht mehr länger unterjochen.

Vollendete Gerechtigkeit kann letzten Endes nur Gott schaffen. Ich denke an Ruanda, wo die schrecklichen Morde zwischen Hutu und Tutsi eine Katastrophe ohnegleichen verursachten. Heute wird dort Versöhnungspolitik betrieben. Die Betroffenen, Täter wie Opfer, versuchen, die Vergangenheit aufzuarbeiten. Man sieht der Wahrheit ins Auge, verdrängt oder vertuscht sie nicht. Südafrika hat bei der Vergangenheitsbewältigung mit der Einrichtung einer Wahrheits- und Versöhnungskommission einen ähnlichen Weg beschritten. Vergleichbares wurde in südamerikanischen Ländern beim Übergang von Diktaturen in demokratische Zustände initiiert. Die Idee dahinter: Gerichte ermutigen Menschen, ihre Schuld abzustreiten. Die Wahrheitskommission lädt sie ein, die Wahrheit zu sagen. Vor Gericht werden Schuldige bestraft, in der Wahrheitskommission werden Reuige belohnt.

Probleme dieser Art gibt es nicht nur im fernen Afrika oder in Lateinamerika. Ich habe Michael Buback, den Sohn des von RAF-Mitgliedern ermordeten Siegfried Buback getroffen und mich sehr intensiv mit ihm unterhalten. Der Sohn will unbedingt wissen, wer seinen Vater ermordet hat. Und er erwartet, dass sich die terroristischen Akteure von damals entschuldigen oder um Verzeihung bitten. Ich kann ihn verstehen, aber ich habe ihm in einer öffentlichen Gesprächsrunde trotzdem nahegelegt: „Wenn die das tun, wäre es schön. Aber wenn Sie es zu einer absoluten Bedingung machen werden auch Sie als der Sohn nicht frei."

Selbst wenn *ich* nicht bedingungslos vergeben kann: *Gott* vergibt trotzdem. Das ist das Entscheidende, auch für die Täter. Gott schafft einen neuen Weg, auf dem ich aus meiner Vergangenheit entkommen kann. Ich kann auch als Schuldiggewordener bereuen und die Vergangenheit hinter mir lassen. Die Vergangenheit bleibt als Narbe. Es gibt das Unrecht, und ich benenne es auch. Aber ich lasse mich von dem, was Unrecht war, nicht auf ewig knechten.

Gerechtigkeit braucht das rechte Maß

Die Kardinaltugenden sind untereinander verflochten. Und auch Gerechtigkeit braucht das rechte Maß und kluge Unterscheidung, um wirklich gerecht zu sein. Der heilige Benedikt nennt die *discretio* die Mutter aller Tugenden. Er zählt sie zu den besonderen Verpflichtungen des Abts: „Bei geistlichen und weltlichen Aufträgen unterscheide er genau und halte Maß. Er denke an die maßvolle Unterscheidung des heiligen Jakob, der sprach: Wenn ich meine Herden unterwegs überanstrenge, werden alle an einem Tag zugrunde gehen."

Klugheit im Umgang mit den Menschen fragt: Wie weit darf ich den anderen fordern? Wie weit darf ich ihn herausfordern? Was wird ihm gerecht? Der heilige Benedikt fährt nach dem Hinweis auf den biblischen Jakob fort: „Diese und andere Zeugnisse maßvoller Unterscheidung, der Mutter aller Tugenden, beherzige er. So halte er in allem Maß, damit die Starken finden, wonach sie verlangen, und die Schwachen nicht davonlaufen."

Gerechtigkeit ist also nichts Abstraktes. Nichts, was um seiner selbst willen zu verwirklichen ist – das wäre die Buchstabengerechtigkeit. Wahre Gerechtigkeit bezieht sich auf das Wohl des anderen oder auf das Wohl der Allgemeinheit – aber immer auf Menschen.

Wer ist gerecht?

Auch im biblischen Sinn ist derjenige gerecht, der dem Heil des anderen dient. Dabei muss man keineswegs nur an das ewige Heil denken. Der Prototyp eines solchen Gerechten ist auch nicht der Staatsanwalt.

Im Anklang an die Geschichte König Salomons in der Bibel erzählt Bert Brecht im „Kaukasischen Kreidekreis" die Geschichte von einem salomonischen Urteil. Zwei Frauen streiten sich um ein Kind. Der Richter kommt nicht durch den Blick ins Gesetzbuch zur Einsicht des „Rechten". Er verlässt sich auf seine Intuition, lässt das Kind in einen Kreidekreis stellen und ordnet an, beide Frauen sollten gleichzeitig versuchen, das Kind zu sich herauszuziehen (denn es heiße, „die wahre Mutter wird die Kraft haben, ihr Kind aus dem Kreis zu reißen"). Die eine reißt nun das Kind gewaltsam an sich, die andere lässt es voll Mitleid los. Sie ist die „wahre Mutter". Psychologische Klugheit machte also die Wahrheit offenbar und ermöglicht eine gerechte Entscheidung.

In Diktaturen gibt es immer wieder Menschen, die ihr Leben für andere aufs Spiel setzen. Einsatz für Gerechtigkeit leisten nicht nur die Helden, die später in den Geschichtsbüchern stehen. Es gab in der Nazizeit ganz einfache Leute, die jüdische Mitbürger versteckt haben. Auch Menschen wie Dom Helder Camara oder Bischof Oscar Romero zählen für mich zu diesem Typus der Gerechten. Sie standen für die Rechte der Armen ein und haben sich gegen Gewalt und Unterdrückung mit dem Einsatz ihres Lebens gewehrt. Aber auch all die engagierten Nachkriegspolitiker gehören dazu, die wie Robert Schuman, Alcide De Gasperi und Konrad Adenauer die Idee eines geeinten Europas hatten und durchsetzten, in dem kein Krieg mehr stattfinden kann. Pragmatische und nüchterne Leute, die an der Vision des Rechten kontinuierlich arbeiten – sie erzeugen Gerechtigkeit.

Wenn Jesus sagt: „Glücklich die, die nach Gerechtigkeit hungern und dürsten", dann haben diese glücklich Gepriesenen etwas Universales im Blick. Etwas, was nicht mit dem Willen zur Hebung des eigenen Lebensstandards zu tun hat. Wenn sich jemand für andere einsetzt, muss er nicht einmal das großartige Wort Gerechtigkeit vor sich hertragen. Auch wenn ich zum Beispiel bei der freiwilligen Feuerwehr mithelfe, mit vereinten Kräften ein Anwesen zu retten, dann ist das ein Glück.

Menschen, die in „kleinen" Verhältnissen das Rechte tun, sind gar nicht so selten. Mittelständische Unternehmer etwa, die in Notzeiten auf Gewinn verzichtet und die Firma weitergetragen haben, natürlich in der Hoffnung, dass es eines Tages besser geht, aber ganz bewusst ohne Entlassungen, um nicht Existenzen zu gefährden und ganze Familien ins Unglück zu stürzen. Vorbilder gibt es genug – und auch da, wo man sie nicht vermutet.

Wenn Seneca sagt, Glück sei, frei zu werden von den inneren Begierden, dann würde ich sagen: Es braucht ein bisschen mehr. Das eigentliche Glück des Menschen besteht in der Mitmenschlichkeit und auch darin, dem anderen auch zu seiner Gerechtigkeit und zu mehr Leben zu verhelfen.

Schon das bloße Streben nach Gerechtigkeit kann Sinn stiften, weil es eine Richtung und eine Motivation gibt, die das Leben trägt. Das Evangelium spitzt die Frage nach dem Glück aber noch zu. In der Bergpredigt steht unter den acht Seligpreisungen: „Selig, die hungern und dürsten nach der Gerechtigkeit, denn sie werden satt werden." Die Seligpreisung der Hungernden ist bei Lukas auf die leiblich Hungernden bezogen. Doch bei Matthäus wird der Zusatz „nach der Gerechtigkeit" eingefügt und das verheißene Glück so in einen größeren Zusammenhang gestellt: Es ist der Hunger der Armen und Trauernden nach der umfassenden Heilsordnung, die Gott aufrichten wird. Gerechtigkeit ist hier also nicht Gesetzesgerechtigkeit. Sie ist getragen von Heilssehnsucht. Im Hintergrund stehen die Erfahrungen der Wüstenwanderung, auch die Manna-Spende und das Wasser aus dem Felsen, die auf die künftige Heilszeit weisen. Hunger und Durst zu stillen gehört zur Hoffnung Israels. Diese Hoffnung wird aber im Alten Testament auch auf das Verlangen nach dem Wort Gottes und nach der Weisheit übertragen. Der von Matthäus gewählte Ausdruck „Gerechtigkeit" verbindet von Gott geschenktes Heil mit dem geforderten Verhalten der Menschen. Theologisch gesehen ist klar: Ungerecht zu sein, ist sündhaft. Und Gerechtigkeit ist mehr als nur die Einhaltung von Gesetzen. Die Gerechtigkeit muss auf das Heil des Menschen abzielen, auf das wirkliche Recht.

Die Sehnsucht nach dieser Gerechtigkeit ist sehr groß. Grausamkeit, Gewalt, Ohnmacht und Machtgier, schreiendes Unrecht bestimmen vielfach unsere Welt. Falsches Machtstreben erzeugt Ungerechtigkeit. Dieses Hungern und Dürsten nach Gerechtigkeit, von dem die Bibel spricht, ist auf die gesamte Weltsituation zu beziehen. Universale Gerechtigkeit ist aber durch Menschen nicht zu schaffen. Und trotzdem bleibt sie ein Ziel, das allen Einsatz lohnt. Klar ist freilich: Auch noch so großer aktiver Einsatz kann nicht den universalen Weltfrieden schaffen. Aber da, wo ich bin, kann ich die Welt verbessern, ein Stück weit wenigstens. Ich bin nicht für die ganze Welt verantwortlich, aber für mein Umfeld. Und ein solcher Einsatz, ein so ausgerichteter Kampf – das kann durchaus auch beglückend sein.

Jesus verheißt denen, die sich um Gerechtigkeit bemühen, dass sie gesättigt werden. Damit ist gemeint: dass ihre Sehnsucht erfüllt wird. Das ist nicht eine Sattheit, die träge und faul macht. Gemeint ist wirkliche Erfüllung.

Gregor von Nyssa, der große Kirchenlehrer aus dem 4. Jahrhundert, hat dazu gesagt: Diese Sättigung bewirkt keine Abnahme, sondern eine Steigerung des Verlangens. Das eine nimmt im gleichen Verhältnis mit dem anderen zu. Auch das Streben nach Gerechtigkeit ist eine Einladung zum glücklichen Leben. Und auch wenn der Hunger nach Gerechtigkeit nie ganz gestillt werden kann auf dieser Erde: Die Sehnsucht danach hat den Horizont einer Erfüllung in der Ewigkeit.

4 Von der Klugheit

Der Klügere gibt nach, das heißt immer auch: Wer Rücksicht nimmt, ist der Dumme. Wieso soll ich nicht meine Intelligenz und Stärke zu meinem Vorteil einsetzen?

Klug sein heißt nicht, seine eigenen Interessen hintanstellen. Wohl aber: das Ganze sehen und abwägen. Wenn bei Verhandlungen am Ende keiner das Gefühl hat, über den Tisch gezogen worden zu sein, ist das ein kluges Ergebnis. Und überhaupt: Kann jemand wirklich glücklich sein, der nicht wahrnehmen will, was um ihn herum los ist?

Unsere Gesellschaft ist von Hysterien infiziert – und das ist eine gefährliche Infektion: eine Krankheit, die von Angst bestimmt ist, die die Wirklichkeit verdunkelt und über alles, was Klugheit bedeutet, mit der zerstörerischen Wucht eines Tsunami hinwegrollt. Was haben wir nicht an Hysterien in den letzten Jahren schon alles hinter uns gebracht! Von einer Panik ging es schnurstracks in die nächste. Wie zum Beispiel die Schweinegrippe-Hysterie: Wenn jemand in Mexiko gehustet hat, hallte, noch bevor man einen richtigen Namen dafür hatte, hierzulande der Schrecken wider, wie der furchtbarste Donner. Was man nicht sehen oder hören, fühlen oder schmecken kann oder sich zumindest nicht recht vorstellen kann, ist besonders gefährlich. Ein pensionierter Medizinalbeamter hat damals für 2009/2010 mehr als 35 000 Tote prophezeit. Allein in Deutschland! Über das Fernsehen wurde uns gezeigt, wie wir uns zu schnäuzen und die Hände zu waschen hätten. Impfstoffe für 50 Millionen Menschen wurden geordert. Die Pharmaindustrie machte das Geschäft des Jahrzehnts. Und sogar in Kirchen wurde davor gewarnt, die Finger ins Weihwasserbecken zu tauchen oder sich beim Friedensgruß die Hand zu geben.

Globalisierung bedeutet auch, dass sich Hysterien globalisieren. Als die durch den isländischen Vulkan Eyjafjallajökull verursachte Aschewolke den Luftverkehr lahmlegte, wurde man wieder weltweit kopfscheu, schnell und zwar auf allen Ebenen, ohne auf sichere Prüfergebnisse zu drängen, stellte man sich im ersten Augenblick eine riesige Rauchwolke vor, die Flugzeuge abstürzen lässt. Und was gab es sonst nicht noch alles: Waldsterben, BSE, Terrorismus, Finanzkrise, Klimawandel, Fremdenangst. Jedes Mal ein neuer Weltuntergang. Der Sommer hat noch kaum begonnen, da ist schon wieder von „Katastrophen-Sommer" die Rede. Die Wellen rollen in immer kürzeren Abständen über uns hinweg. Die Krankenkassen registrieren einen Anstieg der Angsterkrankungen. Versicherer, Astrologen, Demagogen und Populisten haben Konjunktur und profitieren. Das Katastrophale an dem Ganzen: Wir scheinen solche kollektiven Hysterien zu brauchen, weil wir sonst keine gemeinschaftliche Identität mehr haben.

Hier hilft die Tugend der Klugheit: Sich informieren und nüchtern bleiben. Die Fähigkeit zur Unterscheidung entwickeln und die intellektuelle Kraft, in aller Nüchternheit nicht nur einen Aspekt, sondern das Ganze sehen: Das ermöglicht und stärkt den Mut, sich der kollektiven Angst entgegenzustellen.

Die Befreiung aus emotionalen Verwicklungen – wie Angst – durch die Fähigkeit zur Distanzierung, ist Voraussetzung für die Tugend der Klugheit. Klugheit fragt: Was ist wichtig? Was stimmt wirklich? Die Angst vor der Zukunft und die Anfälligkeit für Hysterien kann der Mensch überwinden, wenn er sich eine intellektuelle, eine praktische, aber auch eine ethische Bildung aneignet. Die erst befähigt ihn, sein Leben selbst in die Hand zu nehmen, Probleme nüchtern und eigenständig anzupacken und Verantwortung für andere zu übernehmen.

Mehr als Cleverness

Wir reden heute viel über Bildungsziele als Voraussetzung für die Bewältigung der Zukunft. Und meinen damit oft nur Ausbildung. Aus- und Weiterbildung sind zwar wichtig, Bildung muss aber den ganzen Menschen umfassen. Das oberste Ziel von Bildung ist es, Menschen zu befähigen, ihre Zukunft selbst zu gestalten und Verantwortung zu übernehmen. Zukunftskompetenz heißt, dass junge Menschen ihr Leben eigenverantwortlich in die Hand nehmen, aber auch mitverantwortlich gestalten können, also auch die Interessen der Gemeinschaft im Auge behalten.

Zunächst ist wichtig, dass wir Jugendlichen auch eigenständiges und kritisches Denken beibringen: Reflexion und Selbstreflexion. Dafür gibt es keinen Nürnberger Trichter. Wie haben wir das früher gelernt? Wir haben die Dialoge Platons gelesen und die „sokratische Methode" entdeckt, die mittels Gespräch, durch Kritik und Frage Begriffe, wie etwa den der Gerechtigkeit oder des Eros, klärt und damit der Sache selbst auf den Grund geht. Das geht nicht ohne Anstrengung, und sei es zunächst nur die Anstrengung des Begriffs. Es ist ein Prozess, etwas, das man vorbereiten muss, das auch wachsen muss. Denken, Unterscheiden, Hinterfragen, Urteilsfähigkeit – das ist etwas anderes als Auswendiglernen.

Eine weitere Dimension geglückter Bildung ist die ethische Kompetenz und die Fähigkeit, sich in andere Menschen hineinzuversetzen, sie in ihrem Wert und ihren Bedürfnissen wahrzunehmen, sich auch als Teil eines größeren Ganzen, für das man Verantwortung hat, zu verstehen. In der Finanzmarktkrise hat nicht ein Mangel an Wissen zerstörerisch gewirkt, sondern ein Mangel an ethischer Kompetenz und Disziplin. Geblendet durch kurzfristigen finanziellen Erfolg haben scheinbar clevere Finanzmanager und Banker die Orientierung verloren – und damit nicht nur ihr eigenes System untergraben, sondern die Existenz vieler zerstört.

Werte können nicht oktroyiert, ja nicht einmal gelehrt werden. Plausibel werden sie, wenn sie erfahren werden – sei es im Elternhaus, in der Schule oder anderswo. Wer nach der Tugend der Klugheit fragt, sollte also fragen: Wie kommt ein Mensch zur Eigenverantwortung und zur Mitverantwortung, wie erreicht er menschliche und charakterliche Kompetenz? Im Neuen Testament heißt es: „Was hilft es dem Menschen, wenn er die ganze Welt gewinnt, aber Schaden nimmt an seiner Seele?" Klugheit ist die Fähigkeit, das hier und jetzt Mögliche und der Freiheit auch künftig Zuträgliche herauszufinden: Wir brauchen also eine Vision der Zukunft, die den Menschen und nicht den ökonomischen Profit in den Mittelpunkt stellt und die Freiheit im Bewusstsein behält. Als Menschen miteinander für eine humane Zukunft zu arbeiten, in der wir frei sind und bleiben, das ist, wie ich glaube, die beste Nachhaltigkeit, für die wir sorgen können. Auf diesem Boden, im Kleinen wie im Großen, wächst die Tugend der Klugheit.

Zum Guten angewandtes Wissen

Ein Problem kreativ lösen, wenn es auftaucht – welch ein gutes Gefühl. Ein ganz einfaches Beispiel: Die Düsen meiner Dusche waren verstopft. Meine erste Reaktion: Den Kopf kannst du wegschmeißen. Dann hatte ich die Inspiration, nahm eine Büroklammer auseinander und reinigte damit die verkalkten Öffnungen. Man muss ja nicht so weit gehen, wie der heilige Thomas, der gesagt hat, es gäbe im Erkennen, das wir hier auf Erden vollziehen, etwas, was eine vorläufige Form der endgültigen Erkenntnis im Himmel sei. Aber schön war es doch!

Klugheit als Tugend ist allerdings mehr: Zu einer solchen Haltung kommt man zwar auch durch Nachdenken und Reflexion, es ist aber entscheidend, Distanz zu finden, sich nicht gefangen nehmen zu lassen vom ersten Eindruck, auch nicht von spontanen Emotionen, sondern in Ruhe abzuwägen. Nur so wird kluges Handeln möglich.

Wer zum Beispiel ins Kloster eintreten will, sollte sich gut überlegen, ob er die Anforderungen des monastischen Lebensstils durchhalten kann und in der Lage ist, die Gelübde einzuhalten. Für sich zu klären, ob das eine gute und kluge Entscheidung wäre, hat natürlich auch mit intellektuellen Möglichkeiten zu tun, mit Urteilsvermögen, mit der Fähigkeit, bestimmte Dinge zu überdenken. Das verlangt, sich mit möglichen Umständen in Beziehung zu setzen und einen Entschluss von allen Seiten zu betrachten. Aber gleichzeitig ist das auch mehr als eine intellektuelle Fähigkeit. Klugheit setzt voraus, dass ich schon über vieles nachgedacht habe.

Um diesen praktischen Bezug zu verdeutlichen, könnte man auch sagen, Klugheit sei zum Guten angewandtes Wissen. Es kommt zum Wissen eine ethische Komponente hinzu, die sich in ganz konkreten Entscheidungen auswirkt. Nichts anderes bedeutet: Abwägen können. Wie weit gehe ich? Was kann ich mir, was kann ich anderen erlauben? In der Erziehung etwa: Darf oder soll ich Kindern ihre Wünsche erfüllen? Wo muss ich ihnen Grenzen setzen? Wie bringe ich ihnen bei, dass Erfüllungsverzögerung gut ist: Ich muss nicht alles zu dem Zeitpunkt haben, wenn mir die Lust danach aufsteigt.

Ein anderes Beispiel: Es gibt verschiedene Möglichkeiten, den Terminkalender zu füllen, ich selber bin da sehr oft inkonsequent. Aber wenn ein Mensch etwas von mir braucht, dann werfe ich eben meine Termine um. Das mag unklug erscheinen. Aber wenn ich den Menschen dienen möchte, dann werden eben andere

Aspekte wichtiger als das Einhalten von Terminen. Ich kann jetzt schon sagen: Wenn ich für morgen vier Gespräche anberaume, dauert jedes länger, als ich plane. Es ist ein Zeichen von Klugheit, das zu wissen.

Klugheit ist also auch eine Beziehungshaltung, die sich im zwischenmenschlichen Verhalten auswirkt. Sie bezieht sich in erster Linie (nicht ausschließlich) auf die Erkenntnis von Sachverhalten. Das meint nichts Intellektuelles, sondern das alltägliche Leben und seine konkreten Probleme. Bei allem das rechte Maß zu finden, dazu braucht man nun wirklich kein Abitur. Es gibt sehr viele kluge Handwerker, die etwas klar sehen und einem sehr schnell sagen können: „Das hat keinen Sinn." Das sind ganz normale, einfache Menschen, die ihre Prinzipien haben.

Als clever würde ich jemanden bezeichnen, der Dinge überspielen kann, andere austrickst und auf seinen eigenen Vorteil setzt. Der Kluge lässt sich nicht übers Ohr hauen, läuft aber auch nicht der erstbesten Erkenntnis nach, sondern überdenkt sie noch einmal. Er behält das Ganze im Blick, sowohl für den Augenblick, als auch für die Zukunft. Auch wenn er vom eigenen Egoismus absieht – damit ist er nicht der Dumme. Er bedenkt die Folgen und sieht, was kommen kann. Er fragt, was wirklich vernünftig ist. Klugheit heißt ja nicht, dass man seine eigenen Interessen leugnen oder hintanstellen muss. Verantwortung braucht die Kunst des Abwägens – zwischen dem eigenen Vorteil und dem Vorteil des anderen. Am besten ist es, wenn bei Verhandlungen am Ende keiner das Gefühl hat, über den Tisch gezogen worden zu sein: Das ist meine Lebenserfahrung. Wenn ich etwa an die schwierigen Verhandlungen über den Bau eines von uns finanzierten Krankenhauses in China denke: Am Ende hatten die Chinesen ihr Krankenhaus und ich hatte vertragliche Sicherheit und die Anerkennung einer kirchlichen Institution durch die kommunistischen Partner. Jeder war zufrieden.

Klugheit kann also Dinge zueinander in Beziehung setzen.

Wir bräuchten mehr Menschen, die diese Fähigkeiten haben.

Menschen, die Klarheit verbreiten

Genauso wie man mit freundlichen Menschen lieber zusammen ist als mit solchen, die Aggressivität oder Verwirrung und Unklarheit verbreiten, ist man auch lieber mit Menschen zusammen, die Klarheit verbreiten.

Wenn ich an Vorbilder denke, an Menschen, denen ich das Attribut „klug" verleihen würde, fällt mir immer mein alter Prior ein. Ich denke beispielsweise an die Situation, als ein psychisch labiler Novize bei ihm im Zimmer ausgerastet ist und ihn wütend beschimpfte. Er ging in seiner Erregung zum Fenstersims, nahm den blühenden Kreuzdorn und schleuderte ihn dem Prior vor die Füße. Dann, durch den Krach zu sich gekommen, sagte er: „Aber was jetzt, Pater Prior, was soll ich jetzt tun?" Die seelenruhige Antwort: „Koffer packen!" – Nicht mehr. Nur diese zwei Worte. Das ist Klugheit. Er meinte damit: Wir brauchen gar nicht streiten. Wir müssen uns auch nicht gegenseitig aufregen. Die Lage hat sich auch so geklärt.

In einer anderen Situation war er ähnlich klar: Er hat einem Novizen die Probezeit nicht verlängert, der sich einige Ausrutscher geleistet hatte, dem ich selber aber noch einmal eine Chance geben wollte. Da sagte er mir: „Prinzipiell wäre ich nicht dagegen, aus Liebe zu dem

Betreffenden. Aber wenn er schon in der Probezeit, wo er sich noch ganz bewusst am Riemen reißt, bei kleinen Anlässen solche Ausrutscher hat, wie wird es sein, wenn er fest zu uns gehört? Er wird dann nicht mehr die psychische Kraft haben, sich ständig zusammenzureißen."

Die Dinge so nüchtern zu sehen, sie deutlich anzusprechen und unaufgeregt zu handeln: Da ist Einsicht und Prognose – und eine kluge Entscheidung aufgrund der eigenen Lebenserfahrung. Dass er sagte: „Lassen wir es lieber bleiben" – das hatte nichts Rigoroses, war nicht die Einforderung einer idealistischen und lebensfremden Norm. Ich bin sehr froh, dass wir es haben bleiben lassen.

Zu sehen, dass sich Menschen im Verlauf ihres Lebens treu bleiben und zu wissen, dass sie in aller Regel ihren Charakter nicht ändern, das ist das Eine. Natürlich können sich Menschen aber auch ändern, und gerade bei klugen Menschen kommt es vor, dass sich ihre Sicht auf die Wirklichkeit ändert. Zum Beispiel Thomas von Aquin: Einer der größten Gelehrten, der über Gott die tiefsten und einsichtsvollsten Dinge geschrieben hat, soll am Ende seines Lebens gesagt haben, es sei alles nur Stroh gewesen, was er da zu Papier gebracht habe.

Zur Lebensweisheit gehört es, immer mehr einzusehen, wie sehr sich Dinge im Verlauf eines Lebens relativieren, wie wenig wichtig die Dinge dieser Welt sind und wie wenig wichtig man selber dabei ist. Eine bedeutende Einsicht: Ich gehe meinen Weg, ich habe eine Aufgabe, ich übernehme Verantwortung – und trotzdem kommt es, letztlich, auf mich nicht an. Die Dinge so einzuordnen und zu relativieren, das macht Lebensweisheit aus. Das ist dann schon mehr und anderes als Klugheit. Mit Humor kann beides durchaus zusammengehen.

Humor kann helfen

Wer klug ist, hat Abstand. Daraus kann Humor erwachsen. Es ist sogar die Haltung des Humors: Ich bin nicht fixiert auf eine Idee, weil ich sehe, dass bestimmte Dinge nicht zusammenpassen, dass zwei Quadrate sich nicht decken: *non quadrant*, sagt man im Lateinischen. Sogar Definitionen der Klugheit können humorvoll sein: „Der Vorteil der Klugheit gegenüber der Dummheit besteht darin, dass man sich dumm stellen kann. Umgekehrt ist es schwieriger." Manchmal hilft gegen hohle Angeber, gegen Scheinheiligkeit, aber auch gegen eine bestimmte Mixtur von Frömmigkeit und Bauernschläue nur die ironische Übersteigerung der gleichen Mixtur, um etwas auszuhebeln und sichtbar zu machen, was nicht zusammenpasst.

Ich selber habe immer versucht, Leute, die mir scheinheilig vorkamen, zu unterlaufen und sei es mit noch größerer Frömmigkeit, wenn sie die Tugenden der Frömmigkeit oder Demut auf dem Tablett vor sich hertrugen. Ein älterer Mitbruder zum Beispiel, unser Generalprokurator in Rom, kam – lange vor der Computerzeit – zu mir und erbat Tipp-Ex. Ich gab ihm zwei oder drei Streifen mit. Wenig später kam er wieder und sagte, er habe es verlegt. Da gab ich ihm das ganze Päckchen. Er, der immer so bescheiden tat und so arm sein wollte, sagt dann: „Das kann ich Ihnen doch nicht wegnehmen." Dann habe ich gesagt: „Schauen Sie, mir gehört es ja auch nicht ..." Er hat gegrinst – und verstanden.

Auch Benediktinermönche sind nicht immer frei von antirationalen Versuchungen und überbordenden Emotionen. Ein Beispiel: Ich habe Pater Engelbert manchmal im Auto gefahren, weil er schon 80 war. Wir kamen also von einer Fahrt nach Rom zurück, in den römischen Verkehr. Es hatte geregnet, es war dichter Verkehr und wir mussten immer wieder anhalten, weil die Ampel auf Rot sprang. Wenn es gerade Rot wurde, kam natürlich auf der Gegenseite zunächst kein Verkehr. Und er wollte dann, dass ich an unserer Schlange außen auf dieser dem Gegenverkehr vorbehaltenen Spur vorbeifahre. Aber der Gegenverkehr kam natürlich dann doch an und den hätte ich durch ein solches Manöver blockiert. Also sagte ich: „Nein, Pater Engelbert, das tue ich nicht." „Doch, tun Sie es.", „Nein, das mache ich nicht." So ging das noch zwei-, dreimal und schließlich sind wir dann bei einer roten Ampel vorne angelangt und da wurde er wütend: „Sehen Sie, wären Sie mir nur gefolgt, dann wären wir jetzt schon weiter." Ich darauf: „Aber Pater Engelbert, bei Ihrem Alter, nach so vielen Profess- und Priesterjahren, hätte ich mir eigentlich schon ein bisschen mehr Gelassenheit erwartet" – und grinste. Das war nicht zynisch gemeint. Zynismus erschlägt den anderen. Ironisch kann man freilich schon sein. Aber das ist, wie Humor, eine Form, auf die Wahrheit hinzuweisen. Und seine Reaktion: Er hält kurz inne, atmet durch. Dann sagt er: „Oh, vergelt's Gott für die Demutsübung." Mit Ironie kann man also auch überschäumende Leidenschaften brechen. Leider haben wir Typen wie Pater Engelbert heute nicht mehr.

Der unkluge Idealist

Der Weise und der Kluge haben eines gemeinsam: Sie wollen das Beste, nehmen die Wirklichkeit aber so, wie sie ist, und versuchen, entsprechend mit ihr umzugehen oder auf sie zu reagieren. Vom Idealisten unterscheiden sie sich wesentlich. Der Idealist ist ein Perfektionist, der meint, alles könne sich nicht nur, sondern *müsse* sich auch so ideal verwirklichen lassen, wie er es sich vorstellt. Das sind zwei Fehler: Der erste, zu meinen, Perfektion sei erreichbar, und sein eigenes Ideal für absolut zu nehmen. Der zweite: sein eigenes Ideal zu verabsolutieren. Der Idealist will das Beste und möchte es auch durchsetzen, auf Biegen und Brechen. Oft genug ohne Rücksicht auf die Wirklichkeit.

Wer etwa die totale Wahrheit im gegenseitigen Umgang will, wird schnell sehen: So geht es nicht. Der Journalist Jürgen Schmieder hat ein Buch über ein Experiment geschrieben: „Du sollst nicht lügen!" Er verpflichtete sich, 40 Tage lang gegenüber jedem ehrlich zu sein und nur die Wahrheit zu sagen, privat und im beruflichen Umfeld. Er hat in dieser Zeit viele Freunde verloren. Nur ein Idealist glaubt, dass man immer und überall die volle Wahrheit und nichts als die Wahrheit sagen kann, darf oder soll. Schmieders Einsicht: „Ich habe während des Versuchs gemerkt, dass diese radikale Ehrlichkeit nicht funktioniert, sondern dass es Grenzen gibt." Die liegen unter anderem im Respekt vor anderen. Oder auch in der begrenzten Fähigkeit anderer, die volle Wahrheit zu ertragen. In Amerika sagt man: *„Tell the truth and run – Sag die Wahrheit und renn davon."* Wer die Wahrheit sagt, ist nicht immer gern gesehen. Das galt für die Propheten des Altertums genauso wie es für die Politiker der Gegenwart gilt. Man muss kein Zyniker oder ein moralischer Nihilist sein, um zu wissen: Wenn in unserem Land ein Politiker die volle Wahrheit sagen würde, und zwar immer und ausschließlich, dann würde er nicht mehr gewählt werden. Die Leute möchten nichts Negatives hören. Es ist ein Zeichen von Realismus, das zu sehen, und ein Zeichen von Klugheit, es nicht außer Acht zu lassen. Die Menschen wollen zwar nicht getäuscht oder belogen werden, aber viele zerbrechen daran, wenn sie mit der vollen Wahrheit konfrontiert werden.

Nehmen wir den investigativen Journalismus. Natürlich ist es wichtig, verdeckte und verschleierte Wahrheiten offenzulegen, denn eine verdrängte Wahrheit kann eine Gesellschaft vergiften. Sie muss ans Tageslicht. Die andere Seite: Ich kann die Wahrheit so auf den Tisch knallen, dass andere daran zugrunde gehen. Das aber wäre falsch. Denn die Wahrheit darf den Menschen nicht zerstören. Sie kann falsche Kartenhäuser zum Einsturz bringen, aber sie darf nie so gebraucht werden, dass sie andere Menschen vernichtet. Fast wagt man es nicht mehr, den heiligen Benedikt zu zitieren, der in seiner Anweisung für den Abt verbietet, dass noch nicht allgemein bekannte Fehler oder Versagen öffentlich gemacht werden. So sehr respektiert er den Einzelnen, dass er selbst dessen Vergehen nicht verbreitet sehen will. Dabei geht es nicht ums Vertuschen, denn nicht jede Diskretion darf schon als Vertuschung gebrandmarkt werden.

Ist die Wahrheit zumutbar?

Der Humanist Sebastian Franck hat 1533 in seinen *Paradoxa* den lateinischen Spruch geprägt: *mundus vult decipi – die Welt will betrogen sein*. Die Öffentlichkeit giert nach dem Schlechten und ist fasziniert vom Negativen. Aber im Prinzip hat jeder Mensch die Hoffnung im Leibe, dass sein Leben positiv verläuft. Die Diagnose: Du hast Krebs, dein Leben geht zu Ende – das kann nicht jeder verkraften. So hart darf man es nie formulieren, nicht nur, weil auch die Ärzte nicht immer Definitives wissen.

Ein 40-Jähriger, der mitten im Leben steht, der Frau und Kinder hat, oder gar eine Mutter, die ihren Mann und ihre drei Kinder zurücklassen muss, können an einer solchen Wahrheit zerbrechen. Andere sind stärker: Ein Mitbruder, in leitender Stellung aus den USA, hat mir gerade geschrieben, dass er Krebs hat und dass er vermutlich noch etwa sechs Monate zu leben hat. Dieser Mann ist um die 70. Er sagt: „Ich nehme meine Krankheit bewusst an. Ich bejahe, dass ich sterben muss. Meine Zeit ist vorbei." Ein anderer, in der gleichen Lage, rastet aus und gerät in Panik.

Eine solche Diagnose muss also immer behutsam und auf den Einzelfall hin vermittelt werden. Jeder muss seinen Weg finden und alles ist eine Frage der Fähigkeit, mit den eigenen Grenzen umzugehen. Ein lebensweiser Mensch kann, wenn er erfährt, dass er Krebs hat, kluge Entscheidungen treffen, letzte Anordnungen treffen oder Regelungen veranlassen, die sein Leben gut abschließen, seine Beziehungen nicht beschädigt zurücklassen und alles zum Besten ordnen.

Im Übrigen gilt: Mit Lügen, oder gar in einem Lügensystem kann man nicht glücklich werden. Maximilian Kolbe, der 1941 im KZ sein Leben für einen anderen hingegeben hat, hat das in seiner Schrift „Jedem ist der Weg gewiesen" so formuliert: „Es gibt keinen Menschen unter der Sonne, der nicht das Glück suchte. Bei allem, was wir tun, haben wir das Glück in dieser oder jener Form als Ziel vor Augen und streben ihm von Natur aus zu. Das Glück aber, das nicht auf der Wahrheit gegründet ist, kann ebenso wenig von Dauer sein wie die Unwahrheit von Dauer ist. Allein die Wahrheit ist das zuverlässige Fundament des Glücks, für den einzelnen Menschen wie für die gesamte Menschheit."

Die Nähe zum Tod kann zu solcher Wahrheit führen. Ich stand einmal mit einer alten Frau am Grab ihres Mannes, und sie sagte zu mir: „Im Grunde genommen ist alles nur geliehen auf dieser Erde." Ein Satz nur, nicht ohne Melancholie, aber voll tiefer Zustimmung zur Endlichkeit und Vergänglichkeit. Er hat sich mir tief eingeprägt. Das ist Weisheit, aus der auch lebenskluge Praxis folgt.

Ein weiser Mensch hat viel im Leben erfahren, er geht aber nicht intellektuell mit der Erfahrung der Widersprüche um. Er weiß, dass Brüchigkeit und die Vergänglichkeit zum Leben gehören. Sein Leben hat eine breitere Farbskala, in der auch das Dunkle seinen Platz hat und die Farben nicht nur strahlend leuchten. Solche Weisheit ist etwas, das sich im Laufe eines Lebens aufbaut. Sie ist eine reife Einstellung zu den Bedingungen und Werten des menschlichen Lebens.

Bezeichnet Klugheit etwas, was sich im konkreten Verhalten ausdrückt, so ist Weisheit eine umfassendere, grundsätzlichere Einstellung. Ein weiser Mensch weiß, dass zum Leben Unglück gehört oder dass das Leiden auch zum Glück gehören kann, während Klugheit versuchen würde, konkrete Strategien einzusetzen, um Unglück zu vermeiden.

Weisheit setzt in aller Regel große Lebenserfahrung voraus. Vielleicht ist sie daher auch oft erst im Alter sichtbar. Auch in Sprichwörtern konzentriert sich solche lange Erfahrung und Einsicht. Sie sind geronnene Einsichten, auf dem Boden der Lebensklugheit gewachsen. Zum Beispiel über die Relativität allen Planens: „Der Mensch denkt und Gott lenkt." Oder in einer Präteritumvariante: „Der Mensch dachte und Gott lachte." Dass wir aus selbsterlebten Folgen lernen können, auch das ist *common sense*: „Gebranntes Kind scheut das Feuer". Oder: „Der kluge Mann baut vor." Das besagt: Leben im Augenblick ist gut. Aber wer Verantwortung für andere trägt, denkt über den Augenblick hinaus. Heute würde man von „Nachhaltigkeit" sprechen. Verstehen, Planen und Handeln gehören zusammen. Klug ist, nichts zu überziehen und schon bei der Planung zu sagen: So viel – und mehr geht nicht. Oder: „Der Klügere gibt nach." Der Klügere kennt zwar das Recht, aber setzt nicht absolut, was er für sich als richtig erkannt hat und bezieht auch den anderen noch mit ein.

Weisheit geht noch darüber hinaus und bezieht sich auf das Ganze des Lebens. Sie schließt auch ein, dass das Leben sich verändert und der Tod ein Teil des Lebens ist. Aus dieser Akzeptanz erwächst eine tiefe Liebe zum Leben und zum anderen. Sie kann durchaus das Ergebnis von Wissen, Erfahrung und klugen Ideen sein und ist doch noch mehr als Reflexion und die Nutzung unserer kognitiven und affektiven Fähigkeiten. Aus der Weisheit kann also durchaus wieder ganz praktische Klugheit erwachsen.

„Seid klug wie die Schlangen!"

Jesus sagt: „Seid klug wie die Schlangen." Und er sagt im gleichen Atemzug auch: „Seid einfältig wie die Tauben." Das ist ungewohnt. Was Jesus in Matthäus 10,16 sagt gilt für das Verhalten der Christen in der Welt. Jesus sagt: „Ich sende euch wie Lämmer unter die Wölfe." (Lk 10,3) Ich denke oft an diese Stelle, wenn ich etwa in Fernsehdiskussionen unter Leuten bin, die mich als Gegner sehen.

Die Gefahr, die den Abgesandten Jesu von feindlichen Menschen droht, wird mit dem Bild von den Schafen unter den Wölfen veranschaulicht. „Hütet euch vor den falschen Propheten, sie kommen zu euch wie harmlose Schafe, in Wirklichkeit aber sind sie reißende Wölfe." (Mt 7,15) Es geht hier also um die Kunst der Unterscheidung. Natürlich ist die Rede von der Klugheit der Schlangen und der Einfalt der Tauben keine wörtlich zu verstehende Verhaltensregel, sondern mahnt bei aller menschlichen Klugheit zu gottgewollter Lauterkeit.

Jesus selber hat die Tugend der Klugheit vorgelebt. In der Bergpredigt radikalisiert er die alten Anweisungen, genauer gesagt: Er hat sie in ihrem Vollsinn ausgedeutet. „Wenn du eine Frau siehst und gierig nach ihr wirst, dann reiß dir dein Auge aus oder hack dir die Hand ab." (Mt 5,28–30) Das heißt natürlich nicht, dass man das wörtlich nehmen und das Auge ausreißen oder mit dem Beil die Hand vom Arm abtrennen soll. Aber es meint: Nimm sehr ernst, was ich sage und was auch die Tradition gesagt hat, und sei ehrlich.

Den Pharisäern ist es nicht gelungen, ihn „hereinzulegen". Er war zu klug. Seine rhetorischen Fragen haben Wirkung gezeigt: „Wer von euch ohne Sünde ist, werfe den ersten Stein" (Joh 8,7), – wunderbar, wie dann alle der Reihe nach davongeschlichen sind, nachdem sie eben noch die Ehebrecherin steinigen wollten.

Klugheit, nach dem biblischen Verständnis, heißt auch: auf den Augenblick zu reagieren, also die Situation zu erkennen und sie richtig zu beurteilen und dann gegebenenfalls (vielleicht sogar sehr) deutlich zu werden. Es gibt eine Zeit der Diskussion und Argumentation und eine Zeit der Aktion. Jesus hat die Leute ihrer Unehrlichkeit überführt, sie mit ihrer Unaufrichtigkeit konfron-

tiert. Gewalt war seine Sache nicht. Aber bei der Tempel-
reinigung hat er dreingeschlagen.

Wie man klüger wird

Klug sind wir alle, die einen vorher, die anderen nachher, heißt es. Aber nicht nur aus Schaden wird man klü-
ger. Sondern, indem man bescheidener wird und ein-
sieht: Ich weiß vieles nicht und bin auf andere
angewiesen. Und sich dann Rat der anderen holt. Klü-
ger wird man, indem man seinen Horizont erweitert
und sich für den anderen interessiert. Wer mehr über
den anderen weiß, wird auch dialogfähiger.

Ich mache das in meinem Amt genauso wie der heilige
Benedikt es sagt: „Wenn wichtige Fragen zu entscheiden
sind, dann rufe der Abt sämtliche Mönche zusammen …
Tu alles mit Rat, dann brauchst du nach der Tat nichts zu
bereuen." (Benediktusregel, Kap. 3)

Als ich in Rom mein Amt als Abtprimas antrat, habe
ich mir als erstes einen „Rat" zugelegt. In diesen Rat habe
ich die Leute berufen, jüngere und ältere, die im Haus
die Autorität sind, weil sie wichtige Verantwortung tragen: Der Rektor der Hochschule, der Prior der Kom-
munität und die beiden Finanzverantwortlichen. Und
dann habe ich aus der Konföderation noch drei Leute da-
zugenommen, die von der Präsidessynode für wichtige
Angelegenheiten gewählt waren und schon bei einer anderen ständigen Kommission mitwirken, weil sie eine
Brücke bilden zu den anderen Abt-Präsides.

Ich hatte als Abt von St. Ottilien früher schon für unser Gymnasium einen Schulbeirat gegründet, aus dem
gleichen Gedanken heraus: Man kann nicht – und muss

auch nicht – alles wissen. Das entlastet ja auch. Natürlich kann man neben den offiziellen Gremien auch andere, freie *ad hoc* zusammengestellte Runden berufen.

Das sind die strategisch machbaren Möglichkeiten. Aber auch das Leben kann einen da weiterbringen. Und sei es auf schmerzhafte Weise. Auch aus Erfahrungen kann man lernen: „Durch Schaden wird man klug." Fehler, die man gemacht und erkannt hat, verhelfen einem dazu, beim nächsten Mal anders, sachgerechter zu reagieren. Das gilt auch im zwischenmenschlichen Bereich: Wer gemerkt hat, dass er jemand verletzt hat, kann beim nächsten Mal besser aufpassen.

Es gibt auch die positiven Möglichkeiten. Man muss für Neues offen bleiben, darf das Staunen für andere Sichtweisen nicht verlernen.

Ganz wichtig ist da für mich auch, immer wieder über die Schönheit der Natur zu staunen und auch über das, was Kunst vermag. Es gibt auch ein ästhetisches Erfassen, ein Begreifen in der Wahrnehmung, das nicht nur logisch, sondern auch existenziell oder emotional sein kann. Gerade auch in der Kunst kann man Erkenntnis und Wahrheit gewinnen und den Horizont seiner Wahrnehmung erweitern. Es gibt zum Beispiel in etlichen Museen Bilder, die ich immer wieder bewusst und gezielt anschaue. In Dresden etwa die Madonna von Raffael und den „Zinsgroschen" von Tizian. Meine Freude, wenn ich sie sehe, rührt von der Dichte der Darstellung, die die volle Situation erfasst und sichtbar macht, was im Wort nicht erfasst werden kann. Das Wort Jesu zeigt hier noch eine andere Dimension. Oder im Louvre die „Sklaven" von Michelangelo: diese Gebundenheit, die Gefesseltheit in den Stein hinein. Es gibt noch ein paar solche

Bilder: Im Prado etwa die Darstellung der *acedia* von Hieronymus Bosch: Ein Mönch, der seine Lust am Leben total verloren hat, schaut trist aus seinem Fenster. Selten wurde die „Trägheit des Herzens" und das was die Tradition mit dem Gemütszustand des Überdrusses meint, so dicht ausgedrückt. Und im Gegensatz dazu, ebenfalls im Prado, „Adam" und „Eva" von Dürer: Zwei Bilder, in denen die Freude am Menschen, an seiner Leibhaftigkeit, an der Schönheit des menschlichen Körpers wunderbar zum Ausdruck kommt: Schönheit als beglückende Form der Wahrheit. Es ist wie wenn ich Musik höre. Am Sonntagmorgen höre ich mir gerne etwas von Mozart an. Und am Abend sehr gerne Bach, besonders die Querflötensonaten. Wenn ich noch etwas tun muss, komme ich mit dieser Musik auch zur Ruhe. Sie vermittelt nicht nur tiefe seelische Wahrheit, sie erzeugt auch innerlich eine frohe Gestimmtheit. Mozart und Bach, das ist Glück.

5 Vom Mut

Warum nicht mit dem Strom schwimmen, wenn der schneller vorankommt, der sich nicht gegen die Mehrheit stellt? Wer sich vorwagt, bekommt doch nur eins auf die Mütze.

Natürlich, wer mutig ist, riskiert etwas. Und da kann immer auch etwas danebengehen. Aber ohne Mut gelingt auch nichts Besonderes. Vielleicht wird es ein gemütliches Leben. Aber ob das glücklich macht? Wer wagt, gewinnt – und macht sein Glück. Wir haben heute viel zu viele Duckmäuser in unserer Gesellschaft. Wenn ich frei bin zu sagen, was ich denke, geht es mir besser – und allen anderen auch.

Ich weiß genau, seit wann ich keine Angst mehr habe. Ich war 37 und fuhr von Rom nach St. Ottilien, im Auto. Ein wunderbarer, azurblauer Sommertag. Gelber Ginster so weit das Auge reichte. In der Autobahnmitte der blühende weiße und rote Oleander – es war einfach schön. Ich war glücklich. Da schoss es mir plötzlich durch den Kopf: Was wäre, wenn du jetzt einen tödlichen Verkehrsunfall hättest? Herrgott, sagte ich, so schlimm wäre das nicht. Ich habe mit meinen 37 Jahren schon mehr Schönes erlebt als andere in 80 Jahren. Wenn es heute sein müsste – es wäre mir egal.

Seither habe ich keine Angst mehr. Ich habe damals mit dem Leben abgeschlossen.

Natürlich fürchte ich mich vor steilen Abgründen oder vor rasanten Skiabfahrten am Abhang. Aber das ist keine Frage von Feigheit, sondern der Klugheit im Alter. Wenn die Knochen älter werden und man nicht mehr im Training ist, dann sollte man bestimmte Dinge einfach nicht mehr tun. Ansonsten scheue ich weder Ritter, Tod noch Teufel. Ich fühle mich in Gott geborgen und weiß: Mir kann letztlich nichts passieren.

Ruth Pfau, eine Ordensfrau, die in den Jahren des saturierten Wirtschaftswunders in Deutschland als Lepraärztin nach Pakistan ging und Anfang der 70er Jahre zum ersten Mal wieder zurückkam, hat damals etwas Wesentliches festgestellt: Was in Deutschland fehlt, ist das, was man im Englischen mit dem Wort *challenge* – Herausforderung bezeichnet. Sie hat den fehlenden Mut zum Risiko als eigentliches Defizit der Gesellschaft ausgemacht. Man lässt sich nicht mehr herausfordern. Sie meinte nicht Feigheit, aber die mangelnde aktive Bereitschaft, sich dem Leben selber zu stellen und für seine

Werte auch zu leben. Sie sagt: „Wenn man keine Antenne hat für den Wert des Risikos, verbaut man sich die großen Dinge im Leben. Denn das Leben, das wirkliche Leben, ist nicht billig zu haben."

Darauf kommt es an: etwas auf sich zu nehmen, das auch schief gehen kann, das aber angegangen werden muss, weil es einen höheren Wert hat. Weil es gut ist an sich.

Das Christentum hat „um des Himmelreiches willen" (Mt 19,12) eine andere Perspektive: „Bei euch aber soll es nicht so sein" (Mt 20,26). Dass Jesus den Mächtigen widersteht, sich absolut für Wahrheit und Wahrhaftigkeit einsetzt und dafür sein Leben hingibt, ist unter normalen Kriterien Schwäche und Widersinn. Seine Jünger hatten zunächst einmal Angst. Ihr Mut kam erst später. Das zieht sich durch die Geschichte des Christentums. Aber der Anspruch des Vorbilds Jesu bleibt.

Glaube, Hoffnung, Liebe – all das setzt Freiheit voraus. Und den Mut zum Risiko. Freiheit: ein Zeichen der Kinder Gottes. Eigentlich. Freiheit wagen bedeutet Verzicht auf absolute Sicherheit. Wer frei sein will, muss Mut aufbringen. Und wie sieht es in Wirklichkeit aus?

Das Gegenteil von mutig

Immer schön vorsichtig – das ist unser inneres Mantra. Aber wir brauchen eine Inspiration, die Widerstände nicht scheut, sondern mutig anpackt. Auch in puncto Glauben sind wir viel zu sehr an Absicherungen interessiert. Manchmal hat man den Eindruck, die Kirche sei eine Versicherungsanstalt geworden. Wenn ich mir die Liste mit den Qualifikationsanforderungen bei Führungskräften in der Kirche anschaue, dann fehlt die Frage nach dem Mut zum Risiko, zu neuen Ideen und zur Zivilcourage. Der Gehorsam scheint im Vordergrund zu stehen. Loyalität ist notwendig. Lauert so nicht aber auch die Gefahr einer Disziplinierung und Einschüchterung „von oben" und eine Angepasstheit und Unterwürfigkeit „von unten"? Wer will sich schon „einen Schiefer reinziehen", wer will schon seine Karriere gefährden? Als einer meiner Bekannten, ein Priester, seinem Bischof klipp und klar sagte, wo es lang geht, wurde er kaltgestellt. Zeitlebens. Zum Segen übrigens für die Berufsschüler an der Schule, an die man ihn versetzte.

„Mut zeiget auch der Mameluck, Gehorsam ist des Christen Schmuck" , heißt es in Schillers Ballade „Der Kampf mit dem Drachen".

Gehorsam kann kreativ sein, aber auch Kreativität abwürgen. Sicherheitsdenken und Risikoscheu infiltrieren auch Strukturen und Organisationen. Haben wir nicht alles durchbürokratisiert und die Kompetenzbereiche gegeneinander abgesteckt? In den Kindergärten, im sozialen Bereich, in den Pfarreien, da ist für alles gesorgt. Ebenso in den Abteilungen der Ordinariate, wie Jugend, Diakonie und so weiter. Dort funktioniert angeblich alles bestens – und steht doch in Gefahr, totorganisiert zu werden. Dabei ist Freiheit, man kann es nicht oft genug wiederholen, das Kennzeichen der Kinder Gottes.

Sich an Gottes Stelle zu sehen, ist Blasphemie: Ein Bürgermeister im Badischen, in dessen Gemeinde ein Pfarrer des sexuellen Missbrauchs überführt wurde, wurde gefragt, wieso denn niemand in der Gemeinde sich gewehrt habe. Er hat eine bezeichnende Antwort gegeben: „Wenn einer in unserem Ort den Bürgermeister kritisiert, dann ist das Zivilcourage. Wenn jemand gegenüber dem Pfarrer einen solchen Verdacht äußert, dann ist es Gotteslästerung." Da ist etwas dran. Und es gilt überall, wo Kirche sich über Macht definiert. Dass das so ist – das ist die wirkliche, die eigentliche Blasphemie.

In der Gesellschaft ist es nicht anders. Viele Deutsche sind mutlos geworden und scheuen das Risiko. Im Wirtschaftsteil einer Zeitung wurde kürzlich das Ergebnis einer Umfrage veröffentlicht. Gefragt war: Wie schätzen Sie das Thema Selbständigkeit ein? Welcher der folgenden Aussagen stimmen Sie zu? „Selbständigkeit ist riskant": 70 Prozent; „ist kompliziert umzusetzen": 37 Prozent; „eine attraktive Lebensform, sagen jüngere Menschen": 31 Prozent. Und das Institut für Demoskopie Allensbach konstatiert: Hielten im Jahr 2000 noch 29 Prozent der Bevölkerung Risikobereitschaft für wichtig, waren es 2010 noch 14 Prozent. Bei den Unter-30-Jährigen ist im gleichen Zeitraum die Zustimmung von 36 Prozent auf 20 Prozent gesunken. Risikoscheu ist das Gegenteil von Mut. Mut hat etwas mit der Bereitschaft zum Risiko zu tun. Und Risiko bedeutet: Aufgeben der Sicherheit. Es heißt zum Beispiel, mich selbständig zu machen. Damit begebe ich mich aus der Sicherheit heraus, dass ich irgendwo mitarbeite und regelmäßig bezahlt werde. Der Freiberufler, der ja nie weiß, was als nächstes kommt, geht ein Risiko ein, er muss Mut haben. Deshalb ist es zu begrüßen, dass nach neuesten Umfragen die Zahl der Selbständigen wieder zunimmt.

Unterwürfigkeit – das Gegenteil von Mut – gibt es nicht nur in der Kirche. Die gibt es – wenn nicht sogar mehr – in Firmen, in der Universität, also überall da, wo Macht und Hierarchien im Spiel sind, wo es um Einfluss und Positionen geht.

Das betrifft nicht nur die Schleimer und Kriecher, sondern, etwas subtiler, auch die Angepassten mit ihrer ausgeprägten Haltung des zuvorkommenden Gehorsams. Menschen, die nie widersprechen und immer schon die Absichten des Vorgesetzten in alles hineininterpretieren, sind ihren Vorgesetzten bequem und angenehm. Bei kirchlichen Oberen ist das nicht anders als bei den Chefs in der Wirtschaft und in der Politik: „Jawohl, Herr Ministerpräsident, keiner macht das so gut wie Sie!" „Sehr richtig, ausgezeichnet Exzellenz!" Wenn Politiker unterwegs sind, ist die Entourage als Hofstaat dabei. Und wenn der Chefarzt bei der Visite auftritt ist der ganze Stab an Assistenten im Gefolge. Sicher, es geht um die Weitergabe von Erfahrung, aber so ein großer Auftritt tut doch auch recht gut.

Solche Symbole der Macht oder Rituale der Potenz folgen dem verhaltensbiologischen Muster von Rangordnung, Territorialstreben und Machtsicherung. Demonstrierte Unterwürfigkeit der Untergebenen untermauert einerseits den Führungsanspruch des Chefs, zeigt seine Stärke und fordert ihn – als Motivationsdroge – auch zu Leistungen heraus, zu denen er sonst vielleicht nicht bereit wäre. Wir haben als Menschen den Verstand mitbekommen, um so etwas kritisch und selbstkritisch zu beurteilen, aber bei vielen setzt er da einfach aus. Vielleicht werden in solchen Konstellationen Endorphine freigesetzt, die beim Menschen nicht anders wirken als beim Tier, also wie körpereigene Drogen euphorische Zustände auslösen. Tapferkeit ist etwas anderes.

Manchmal werde ich gefragt: Gibt es denn in der Geschichte Ihres Ordens besondere Helden, Leute, von denen Sie sagen, die haben etwas Heiliges und das sind gleichzeitig besonders mutige Menschen?

Es fällt mir schwer, mich auf Kriterien festzulegen. Wenn ich in Daressalam bin, gehe ich hin und wieder auf den Friedhof unserer ersten Missionare. Ostafrika war das erste Missionsgebiet von uns Missionsbenediktinern Ende des 19. Jahrhunderts. Ich gehe durch die Grabreihen und schaue, wie alt die Einzelnen geworden sind, die hier in der Mission waren: Sie sind alle sehr jung gestorben. Der Durchschnitt war zwischen einem halben und drei Jahren aktiv, nur einer hat zehn Jahre geschafft. Sie wurden von tropischen Krankheiten dahingerafft, sind an Malaria oder an Schwarzwasserfieber, aber auch an Sonnenstich gestorben. Sie haben nichts gescheut und lebten in dem Bewusstsein, Menschen den Glauben zu schenken und ihnen damit zum Guten zu verhelfen. Sie haben für eine Aufgabe gelebt, die ihnen heilig war. Den Auftrag Jesu, „gehet hinaus in alle Welt" – dieses hohe Gut wollten sie verwirklichen. Dafür war ihnen nichts zu schwer.

Unsere ersten Missionare sind nach Afrika gegangen, ohne die Sprache zu kennen. Sie wussten nicht, wie es in dem neuen Land aussieht. Es gab *ein* Motiv, das sie antrieb: den Menschen den befreienden Glauben zu bringen. Dafür haben sie alles auf sich genommen und kein Risiko gescheut. Sie sind losgezogen ins Unbekannte wie einst Abraham.

Waren das Ausnahmeerscheinungen? Nein, es waren ganz normale Menschen. In der Zeit bis zum Ersten Weltkrieg hatten wir erstaunlicherweise den meisten Nachwuchs. Damals ließen sich die jungen Mönche durch die Herausforderung motivieren. Und sie wussten, dass sie mit einem frühen Tod rechnen mussten. Dabei waren wir Benediktiner bei weitem nicht die einzigen.

Nun ist Sicherheit ein ganz elementares menschliches Bedürfnis. Aber auch da kommt es wieder auf das Maß an. Man spricht ja nicht umsonst von Übermut. Es gibt auch eine überzogene Risikofreude. Spielernaturen übersteigern das Risiko, weil sie süchtig sind. Glücksspieler sind in Gefahr, alles aufs zu Spiel setzen und alles zu verlieren.

Ein Risiko eingehen heißt: in Abwägung aller, auch negativer Folgen bereit sein, etwas anzugehen, was man nicht mit letzter Sicherheit abfedern kann. Wieso das Wagnis? Weil die Sache wichtig ist und einen Wert in sich hat!

Freiheit ist des Christen Schmuck

Jesus ist für mich der Inbegriff eines mutigen Menschen, weil er in letzter Konsequenz für die Wahrheit eingetreten ist. Für seine Vision, seine Sendung und Berufung ist er gestorben. Er hat kein glückliches Ende genommen. Aber ein seliges Ende, da es in die Auferstehung gemündet ist. Sein Leben gibt auch den Christen Mut, gegen den Strom zu schwimmen. Es geht natürlich nicht darum, prinzipiell und in jedem Fall gegen den Strom zu schwimmen, sondern sich für Wahrheit, Wahrhaftigkeit und Ehrlichkeit einzusetzen. Aber damit schwimmt man dann faktisch oft gegen den mainstream. Glauben gehört ja nicht umsonst zu den drei göttlichen Tugenden. Der Mut zu neuem Leben liegt auch im Glauben begründet.

Auch die großen Heiligen – man denke nur an Franziskus – zeichnet in der Nachfolge Jesu aus, dass sie aus dem Glauben heraus den Mut hatten, gegen den Strom zu schwimmen. Dem heiligen Benedikt war das römische Studentenleben zu oberflächlich, er zog sich in die Einsamkeit von Subiacco zurück.

Worauf warten wir als Christen eigentlich, wenn das Vorbild so klar ist? Wann brechen wir aus den verkrusteten Strukturen aus?

Nach dem Zweiten Vatikanischen Konzil haben wir einen Fehler begangen, wenn auch in bester Absicht: Die Kirche wollte der Gegenwart gerecht werden. Dabei haben wir uns total in die Gesellschaft und ihre Absicherungsmentalität integriert. Unserer Gesellschaft und insbesondere unserer Kirche fehlt es an Glaubensmut. Dadurch bekommen bestimmte Gruppierungen Zulauf, weil die den Mut der jungen Leute herausfordern. Sie verlangen ihnen ein Opfer ab. Wobei es natürlich gleichzeitig ein Aufgeben der Freiheit ist. In Rom erkennt man sie sofort: Sie haben den Scheitel alle auf derselben Seite, alle sind sie gleich geschniegelt. Sie kommen gepflegt daher, fast wie geklont. Aber wie sieht es mit der individuellen Freiheit und Verantwortung aus? Autoritäre Strukturen scheinen totale Sicherheit zu bieten und verlangen dafür die totale Selbstaufgabe. Das geht Gott gegenüber an, aber nicht gegenüber Menschen. Der Mensch kann sich nicht von der Verantwortung, von seinem eigenen Gewissen entbinden.

Wir müssen eines wieder lernen: den Mut auch im Glauben anzustacheln. Wie kann man die Glut neu entfachen? Manchmal denke ich, wenn es um die Kirche geht, an das Musical „My Fair Lady". Da steht Eliza mit Dr. Doolittle, der ihr gute Manieren und eine anständige Sprache beibringen soll, in Ascot an dem Zaun zur Rennbahn. Das Pferd rennt nicht schnell genug. Eliza will es anfeuern, ist aber noch nicht so fein, wie ihr Lehrmeister es sich vorstellt, sondern sehr spontan und wahrheitsliebend. Und so schreit sie mitten in der feinen Gesellschaft in die Bahn hinein: „Streut ihm Pfeffer in den Arsch!"

So deftig wird im Evangelium nicht geredet. In der Bibel ist die Rede – immerhin – vom „Salz" der Erde. Unsere Kirche braucht mehr Pfeffer, mehr Feuer, mehr Mut. Das würde zum Beispiel ganz konkret bedeuten, dass ein Pfarrer wirklich zulässt, dass die Laien in der Gemeinde und für die Gemeinde arbeiten. Auch das verlangt Mut. Er muss sich auf andere verlassen statt auf sich selbst, und genau das schafft Freiheit. Da ist so viel an gutem Willen da, aber er traut denen vielleicht nichts zu. Zutrauen braucht Mut. Mut heißt, es muss nicht alles von mir selber organisiert werden. Mut heißt, auch dem Heiligen Geist etwas überlassen. Und der Heilige Geist hält sich nicht an die Paragraphen. Dieser Mut fehlt der Kirche, weil sie sich in die Gesellschaft zu sehr inkulturiert hat. Kirche müsste wieder den Mut zur Gegengesellschaft haben.

Wenn alles durchorganisiert ist – von der zentralistischen Leitung bis hin zum Pfarrfest – kommen mir Zweifel. Mut heißt: Vertrauen. Sich verlassen. Sich einlassen auf Unvorhergesehenes. In unserer Kirche in Deutschland ist viel zu wenig Mut vorhanden.

Die Kirche in Deutschland ist natürlich nicht die Weltkirche. In Frankreich beispielsweise wächst sehr viel an der Basis. Und in den USA ist die, auch finanziell, von Laien stark getragene Pfarrei selbstverständlich. Und ich denke da auch an Afrika. Das ganze Leben der Menschen dort ist ein Risiko, und sie feiern trotzdem. Nach dem

Motto: Wie es morgen weitergeht, das werden wir dann schon sehen.

Bei uns ist für alles irgendjemand zuständig: alles ist durchorganisiert, bürokratisch, zentralistisch durchgesteuert. Man gibt der Eigeninitiative, in der Kirche, in Deutschland zu wenig Chancen. Es geht schon mit den Finanzen los. Trotz aller Gremienvielfalt: Letzten Endes liegen, in der Kirche, auch in den Pfarreien, alle Entscheidungen beim Pfarrer. Was haben denn damals die Apostel gemacht, als sie einen Nachfolger für Judas gebraucht haben? Sie haben die Münze geworfen und darin den Willen Gottes gesehen. Nicht darin, dass Petrus einen bestimmt hat, nicht dass man Umfragen gemacht hätte. Es gab nur ein Kriterium: Man musste von Anfang an dabei gewesen sein. Der Betreffende musste als Zeuge Jesu auftreten können. Könnten wir nicht auch in demokratisch herbeigeführten Entscheidungen den Willen Gottes erkennen, wie damals die Apostel beim Wurf der Münze? Es geht dann nicht darum, dass das Volk den neuen Mann bestimmt, sondern den Willen Gottes auf diesem Wege sucht, und das unter der Führung des Petrus. Es ist dann letztlich keine Herrschaft des Volkes, sondern des Geistes. Nicht das Volk ist der Souverän der Kirche, sondern die Leitung bleibt beim Heiligen Geist. Es sind Entscheidungen, die vom Geist Gottes bewirkt werden wie damals die Nachfolgeentscheidung durch das Los.

Von der Ebene der Pfarrei bis zu den obersten Instanzen reicht die Tendenz der Organisationswut. Es stimmt mich auch nachdenklich, wenn bei besonderen Papstgottesdiensten die Kleidungsordnung für die Geistlichkeit bis ins Detail vorgeschrieben wird. Ist es das, was Jesus im Evangelium gemeint hat?

Tapferkeit ist ein Antrieb, um Angst zu überwinden, nicht nur wenn Leib und Leben auf dem Spiel stehen. Mut ist auch keineswegs eine ausschließlich männliche Tugend, im Gegenteil. Ich denke an ein 11-jähriges Mädchen, die von ihrem Lehrer geohrfeigt wurde. (Damals, als das passierte, waren Ohrfeigen noch nicht ganz tabu.) Sie hat sich vor ihn hingestellt und gefragt: „So, geht's Ihnen jetzt besser?" Das ist Mut.

Oder eine andere Frau, die ihrem Chef widersprochen hat. Als wieder einmal eine der Mitarbeiterinnen in Schwangerschaftsurlaub ging, bekam er einen Wutanfall: „Man müsste ihnen gleich bei der Hochzeit einen Geschenkkorb mit der Pille geben!" Dieser Mann hat zwei Töchter. Sie hat ihn nur gefragt: „Hätten Sie das im Fall Ihrer Kinder auch zu Ihrer Frau gesagt?" Das war nicht nur mutig, sondern auch so klug gesagt, dass er seine eigene Aggression wieder relativieren konnte.

Tapferkeit kommt von *arete*, das ist die Tapferkeit des Kriegers, aber schon in der Antike wird der Begriff ausgeweitet auf die Freiheit des Redens. In der Kirche ist es heute natürlich nicht lebensgefährlich, von dieser Freiheit Gebrauch zu machen. Aber es kann auch heute einer durchaus stumm gemacht werden. Leonardo Boff ist ein Beispiel. Aber auch Padre Pio durfte viele Jahre nichts mehr publizieren und nicht mehr öffentlich auftreten. Auch ihm hat das Heilige Officium das Schweigegebot auferlegt. 1999 wurde Padre Pio von Johannes Paul II. selig-, 2002 heiliggesprochen. Das ist ein Trost. Auch Thomas von Aquin wäre – wegen Aristoteles – beinahe auf dem Scheiterhaufen gelandet. Paulus hat die *parrhesia*, den Freimut des Redens, eine Frucht des Geistes genannt. In der Apostelgeschichte oder den Märtyrerakten der frühen Christenheit trifft man immer wieder gerade auch auf Frauen, die sich mutig hingestellt haben: eine Thekla, eine Agnes, auch die Heilige Katharina von Alexandrien ist eine große Zeugin dieser Tugend. Dieser Freimut gehört zum Selbstanspruch und zum Selbstverständnis der Kirche, wenn sie auf ihre eigene Geschichte blickt. Diese Freimut des Redens ist in Jesus Christus begründet. Das heißt ja nicht einfach: mutig aufzutreten und riskante Reden um ihrer selbst willen zu schwingen. Es heißt: mit allen Konsequenzen für die Wahrheit oder für das Gute einzutreten. Der Einsatz für diese Qualitäten macht das Kriterium aus. Tapferkeit – nach einer Definition des Thomas von Aquin – heißt ja: Sich um eines höheren Gutes willen verwunden zu lassen. Ein Auftragskiller mag wagemutig sein. Tapfer ist er nicht. Tapferkeit ist eine humane Tugend, sie hat nichts mit Grausamkeit zu tun.

Freimut sollte übrigens eine Eigenschaft der Medien sein. Aber es braucht nicht nur mutige Journalisten. Notwendig für das Gemeinwohl sind auch Leute, die den Medien standhalten. Journalisten sind der Wahrheit verpflichtet, und sie sollten Vertuschtes aufdecken und zugänglich machen. Es gibt eine gerechtfertigte Neugier der Journalisten. Aber es gibt auch das Recht, zu sagen: Du hast kein Anrecht darauf, alles zu wissen. Es gibt keine Grenze, die das definitiv und exakt bestimmen könnte. Es ist eine Ermessensfrage. Wir landen bei all diesen Fragen immer wieder beim Thema Freiheit. Ich gestehe dem anderen die Freiheit zu, alles zu schreiben, was er für wichtig hält. Und ich nehme mir die Freiheit zu sagen: Was du geschrieben hast, stimmt so nicht.

Es gibt auch kein Gesetz, das jemanden zwingt, sich den Medien zu stellen. Und warum sollte jemand sich den Medien aussetzen, wenn er weiß, wie die „ticken" und sich diesen Mechanismen nicht aussetzen will? Das muss aber dann nicht Feigheit, sondern kann eine Frage der Klugheit sein.

Mut und Klugheit

Ist Mut immer eine Tugend? Angst überwinden heißt: Springen. Beim Hochsprung etwa werden Angsthasen nie sehr weit kommen. Ein Sportler muss Mut haben, und er wird immer wieder versuchen, die Grenzen zu überwinden. Aber ein Sprung vom Zehn-Meter-Turm ist keine moralisch wertvolle Tat. Bergsteiger brauchen Mut, um gefährliche Stellen zu überwinden. Aber sie tun es für sich, für das Erlebnis eines Abenteuers. Erst der Bezug auf das größere Ganze, auf die anderen, auf einen Wert, der für die Allgemeinheit positive Folgen hat, macht Mut zur Tugend. Nur wenn wir alle Verantwortung für diese Gesellschaft übernehmen, wenn wir hinschauen und – wieder: in kluger und verantwortungsvoller Weise – Angst überwinden und handeln, werden wir eine Gesellschaft haben, in der freie Menschen sich frei begegnen können.

Die Geschwister Sophie und Hans Scholl, Mitglieder der „Weißen Rose", die 1942 unter Lebensgefahr Flugblätter gegen die Nazis verteilten oder die Verschwörer des 20. Juli, die den eigenen Tod in Kauf nahmen, um das verbrecherische Hitlerregime zu stürzen – das waren wirklich mutige Menschen. In unseren Tagen hat Dominik Brunner, der in München-Solln auf einem S-Bahnhof von jugendlichen Gewalttätern erschlagen wurde, Mut bewiesen. Er wollte nicht zulassen, dass Gewalttäter unter den Augen der Öffentlichkeit Schwächere bedrohen, „abziehen" und verletzen können. Es ging ihm um einen Wert, um ein höheres Gut als die eigene Ruhe. Er wollte sich nicht damit abfinden, dass Unschuldige tyrannisiert werden und nahm die bedrohten Kinder unter seine Obhut. Es ging unglücklich aus. Ich bin überzeugt, er würde es auch ein zweites Mal tun. Ein solcher Mensch tut nicht nur etwas für sich – damit er „sich selber im Spiegel anschauen kann" – er tut auch etwas für die Allgemeinheit. Manche sehen das anders, nachdem wir alle Umstände des Vorfalls aus der Distanz geradezu mikroskopisch auseinandernehmen können. Selbst wenn er im Affekt gehandelt hat, so muss man ihm doch Zivilcourage zubilligen. Und: Was wäre passiert, wenn er nicht eingegriffen hätte?

Kürzlich war zu lesen, dass 73 Prozent der befragten Hamburger Angst haben, mit öffentlichen Verkehrsmitteln zu fahren. Und wem springen nicht die Zeichen von Rohheit, Verwahrlosung und Chaos ins Auge: die zerschlagenen Glasscheiben, die aufgeschlitzten Sitzplätze in Bussen und Zügen, der überall verstreute Müll und die verschmierten Wände? Wer hat den Mut, zu widerstehen?

Natürlich hat jeder in einer unübersichtlichen und gefährlichen Situation das Recht und die Pflicht der Risikoabschätzung. Klugheit und Vorsicht sind dabei nicht ausgeschlossen.

Nicht jeder hat in extremen Situationen die psychische Kraft, die der Mut braucht. Auch äußere Unabhängigkeit kann wichtig sein. Wer keine Familie hat, tut sich auch im gefährlichen Widerstand leichter. Im Widerstand gegen den Nationalsozialismus haben Frauen den Mut der Partner oft genug mitgetragen und für die Familie gesorgt, wenn ihre Männer gefangen waren.

Tapfer sind auch Mütter, die am Ende ihrer Kraft sich um die kranken Kinder kümmern. Mut gehört dazu, ein behindertes Kind anzunehmen. Aber auch da: der Lohn der Tapferkeit liegt in der Freiheit, die man gewinnt, im Glück das man schenkt – und in der Freude, die man zurückbekommt.

Lohn der Angst

Es gibt viel zu viele Duckmäuser in unserer Gesellschaft. Wir brauchen mutige Menschen, die etwas unternehmen, etwas anpacken, auf andere zugehen. Wenn ich frei bin, zu sagen, was ich denke, geht es mir besser – und allen anderen auch. Es gehört Mut dazu, etwas zu sagen, auch wenn man auf der Verliererschiene scheint, auch wenn man sich gegen die *political correctness* stellt. Es gibt Resonanz, wenn man sich nicht verstellt. Aber Meinungen zu äußern, das kann auch ins Auge gehen.

Der Wissenschaftler und Steuerexperte Paul Kirchhof etwa hätte in einem Wahlkampf fast eine ganze Partei zu Fall gebracht, weil er klare steuerpolitische Perspektiven vertrat und die Wahrheiten, die er aussprach, in den polemisch-emotionalen Debatten des Wahlkampfs in Misskredit gebracht wurden. Die political correctness setzt sich nicht mit Argumenten auseinander, sie urteilt und verurteilt sofort moralisch, sie grenzt aus.

Trotzdem: Es lohnt sich, querzudenken. Die Wahrheit zu sagen, da wo sie unbequem ist – das ist das Entscheidende. Nur das bringt uns weiter. Zu einem gelungenen Leben gehört es, die Angst zu überwinden. Nicht um das Erlebnis „dem hab ich's jetzt aber hingerieben", geht es. Ich denke immer wieder an meinen Prior Paulus. Der konnte bei einer Sitzung lange zuhören, ohne ein Wort zu sagen. Eine wunderbare Sache schien dort aufgebaut. Und er zog, mit einem Satz, eine einzige Karte aus dem schönen Gebäude und brachte es zum Einsturz.

Ich habe immer geschaut, dass ich in meiner Umgebung Menschen habe, die mir nicht nach dem Mund reden, die keine Scheu haben, um der Sache willen die Wahrheit zu sagen, ob gelegen oder ungelegen.

Und der Lohn der Angst: Der Wahrheit zum Recht verholfen, das Rechte getan zu haben. „Ich bin glücklich, wenn ich mich traue, anderen meine Meinung offen ins Gesicht zu sagen. Ich finde, dass die Welt viel zu verkniffen ist. Alle kümmern sich um die öffentliche Meinung und nicht um ihre eigene." Merlin, 15, ein Gymnasiast aus Berlin, hat das im Mai 2010 zu Protokoll gegeben in einem Sonderheft des „Spiegel" zum Thema Pubertät. Gefragt war: Was bewegt junge Leute? Was macht sie zufrieden? Wo finden sie ihr Glück? Und es zeigte sich: in ganz unterschiedlichen Dingen, nicht nur beim ersten Kuss, bei einer neuen Idee oder auf einem Trampolin. Sondern auch in der Freiheit, zu seiner Meinung und zu sich selber zu stehen.

Wenn ich jemandem gegenüber meine Meinung vertrete, der vielleicht mehr Macht oder Kraft hat als ich, dann mache ich eine befreiende Erfahrung. Ich überwinde meine Angst vor der Autorität, vor der Mehrheit, vor der Masse. Das macht frei und stärkt das eigene Selbst, sich gegen das, was alle meinen und sagen, zu stellen. Es ist ein gutes Gefühl: dass eine wichtige Wahrheit nicht untergegangen ist, dass eine Wahrheit Bestand gehabt hat, auch wenn sie nicht anerkannt wird. In meiner Freiheit habe ich bewirkt, dass sich etwas zum Guten ändert. Das ist Glück.

Allerdings darf die Wahrheit auch nicht erschlagen. Auch sie muss von der Liebe zum Menschen getragen sein.

Der heilige Benedikt sagt: „Wenn Entscheidungen in wichtigen Fragen anstehen, soll der Abt alle zusammenrufen." „Ich sage bewusst alle", schreibt er weiter, „weil Gott oft den Jüngeren eingibt, was das Bessere ist." Man soll also nicht nur die Erfahrenen und die aus langer Lebenserfahrung vorsichtigen Alten hören, sondern auch die Vorwärtsstürmer. Da spielt einerseits die Heilige Schrift eine Rolle, wo die Jungen – im Alten Testament etwa der junge Salomon oder der junge David – eine wichtige Rolle spielen. Aber dahinter steckt wohl auch die Erfahrung Benedikts, dass junge Menschen risikofreudiger sind. Das hängt mit einem einfachen biologischen Sachverhalt zusammen: Ein älterer Mensch wird körperlich unsicherer, er muss sich also stärker absichern. Das überträgt sich auch auf den psychischen Bereich. Wenn ich zum Beispiel über einen Bach möchte, kann ich mutig hinüber springen – oder auf Umwegen eine Brücke suchen.

Ein junger Mensch, der nicht ängstlich ist, der wird springen. Natürlich kann es auch passieren, dass er reinfällt. Aber dieses Risiko geht er ein.

Nun hat der alte Mensch ja auch Recht: Er sucht den Weg zur Brücke, weil er nicht mehr so beweglich ist und das Risiko nicht eingehen will. Das ist völlig normal. Aber wenn ein junger Mensch nicht mehr den Mut hat, über einen Bach zu springen, dann fehlt etwas.

Angst ist eine Grunderfahrung des Menschen. Sie soll ihn absichern und hindern, ein zu großes Risiko einzugehen. Ich bin oft mit Christen zusammengekommen, die in autoritären Staaten leben. Dort herrscht die Methode der Angst, um die Bevölkerung zu unterdrücken. Mich beeindruckt, wie diese Menschen dennoch zu ihrem

Glauben stehen. Ihnen sage ich: Seid klug, damit ihr das Ziel erreicht. Dazu braucht es Vorsicht. Es braucht aber auch Mut, weil Repressalien und Kerker drohen. Oft ist die Angst stärker. Bei mir hat ein Priester bitter geweint, weil er den Glauben im entscheidenden Augenblick verleugnet hat: „Ich hatte die Kraft nicht. Ich bin nicht zum Märtyrer geboren." Ich sagte ihm: „Es gab da noch einen anderen, dem es ebenso ging. Er hat Petrus geheißen." In seiner Trauer über sein Versagen zeigte er aber, dass er auf der richtigen Spur ist.

Der Philosoph Ludwig Wittgenstein sagt: Wer glücklich ist, darf keine Furcht haben, auch nicht vor dem Tode. Nur wer nicht in der Zeit, sondern in der Gegenwart lebt, ist glücklich.

Letzten Endes haben wir alle – nicht nur Menschen, die sich in einem Unterdrückungsregime bewähren müssen und um ihr Leben fürchten – eine Grundangst vor dem Tod. Diese ist nur überwindbar im Glauben. Glaubensmut heißt, sich auf Gott zu verlassen. Nicht mehr auf sich selbst, sondern auf einen anderen. Das ist nicht der verzweifelte Glaube, sondern der mutige Glaube, der erst im Ernstfall bewiesen wird. Hier wird Glaube zur Hoffnung. Davon wird noch ausführlich zu reden sein.

Gegen den Strom schwimmen

Mir selber macht es Spaß, gegen den Strom zu schwimmen. Es reizt mich, Schwierigkeiten zu überwinden und hinterher zu sagen: Toll, dass ich das geschafft habe. Wie ein Bergsteiger, der sich über den erstiegenen Gipfel freut. Aber es geht nicht um Widerstände an sich. Es geht um das Ziel. Um die Durchsetzung von etwas, das aller Mühen wert ist. Oft ist es ein ungewohntes Ziel. Zum Beispiel für andere ein Fels in der Brandung oder eine Art Säule zu sein, die ihnen Sicherheit und Rückhalt bietet. Das ist natürlich auch eine Motivation. Unter meinen Mitbrüdern schafft das Vertrauen, damit stärke ich ihnen den Rücken. Die trauen sich dann auch etwas. Einmal war ich bei Buddhisten in Japan. Vier Wochen habe ich in buddhistischen Klöstern gelebt und an Zen-Meditationen teilgenommen. Ich habe gelitten, die Schmerzen in den Beinen waren schier unerträglich. Dennoch war es eine wichtige Erfahrung. Dieses Erlebnis war ein Anstoß für den interreligiösen Dialog in unserem koreanischen Kloster. Einer der Brüder sagte: Wenn der Erzabt das macht, dann können wir das doch auch wagen.

Richtiger Mut gehörte aber auch dazu, wenn man im interkulturellen Dialog weiterkommen will. 1992 bin ich zur Einweihung der Kirche in Paldogu, die mit deutschen Geldern finanziert wurde, nach China gefahren. Viele hatten mich gewarnt, es nicht zu weit zu treiben. Die Chinesen wollten mich tatsächlich zweimal festhalten. In Yanji kamen abends drei verschiedene Polizisten auf mein Hotelzimmer: „Wir wollen Ihren Pass." Ich antwortete: „Nein, den bekommen Sie nicht." Bis ich den wieder zurückerhalten würde, das hätte lange dauern können. Ich musste also kämpfen: „Wo waren Sie heute Nachmittag?" „Das wissen Sie doch, ich habe alles zu Protokoll gegeben und was wirklich los ist, wissen Sie auch." Der örtliche Religionsführer hatte mir nach der Einweihung etwas Gutes tun wollen, und ich hatte mir gewünscht, zu unserer alten Abtei gefahren zu werden. Wir fuhren in das Gelände hinein, das Tor stand offen, ich machte ein paar Fotos. Und schon ging es los. Das Tor schloss sich hinter uns, und wir sahen uns Polizisten gegenüber. Eine Stunde lang wurde verhandelt. Ich musste den Film abgeben. Damit schien alles behoben. Aber abends um neun kamen wieder drei Polizisten: Einer von der Geheimpolizei, einer von der Stadtpolizei und ein Militär. Sie wollten ein Verhör anfangen. Das habe ich ihnen nicht gestattet. „Ich brauche den Pass, ich muss morgen weiterfahren." „Sie können morgen nicht weiterfahren." „Dann wird ein Krankenhaus für die Nachbarstadt nicht gebaut. Ich wollte da zur Planung hinfahren." Ob ich Kontaktpersonen habe? Ich hatte dem Kulturchef der Stadt am Vormittag eine hohe Summe für eine Schule überreicht und nannte den. Der Kontakt zu ihm kam aus irgendwelchen Gründen nicht zustande. Dann gab ich den Präsidenten der Universität an. Dessen Sohn wohnte in München als Student in unserem Kolleg und studierte mit einem Stipendium des bayerischen Staates. Dieser Mann nun – eine Art graue Eminenz in der Provinz – war ganz auf meiner Seite und hat die drei Polizisten am Telefon offenbar so heruntergelassen, dass sie ganz bleich im Gesicht wurden, aufstanden und sich vielmals entschuldigten.

Eine gewisse Schlitzohrigkeit, die kleine Schwester der Klugheit, kann den Mut durchaus unterstützen. Ich habe die drei Polizisten dann noch zum Hotelausgang begleitet und ihnen erzählt, wie sehr ich China liebe. In Amerika wäre ich vermutlich aus einer vergleichbaren Situation nicht so einfach herausgekommen.

Nach einem solchen Abenteuer kann man durchaus fragen: Lohnt es sich, derartige Risiken einzugehen? Meine Antwort: Das hängt von der Qualität und Bedeutung der Ziele ab. Mir ging es damals um eine Vision für die Kirche in China. Ich wollte für die Menschen dort ein Sozialwerk ermöglichen, im Namen unserer Kongregation. Um das zu verwirklichen, habe ich nicht nachgegeben. Dazu braucht man Hartnäckigkeit, vielleicht auch Sturheit. Zu guter Letzt hat es sich gelohnt. Es gilt, sich den Gegebenheiten anzupassen, die Vision aber nie aus dem Auge zu verlieren.

Erfolgserlebnisse gelingen nur, wenn ich mutige Entscheidungen treffe. Wer mutig ist, riskiert etwas. Und da kann immer auch etwas schief gehen. Aber es gelingt auch nichts Besonderes, wenn man nicht etwas wagt. Vielleicht wird es ein gemütliches Leben. Ob dieses Leben aber glücklich macht?

6 *Vom rechten Maß*

Man lebt nur einmal. Intensiv muss es sein. Warum soll ich nicht in mein kurzes Leben hineinpacken, was hineingeht?

Daran sind schon viele gescheitert. Nicht nur beim Alkohol gilt: Wenn ich nicht das rechte Maß bewahre, mache ich mich kaputt. Und das ist das Gegenteil von Glück. Man fühlt sich selber auch besser, wenn man Maß hält. Nur über das rechte Maß habe ich die Chance gut zu leben, ja überhaupt zu überleben.

Ein Phänomen greift um sich: das Komasaufen. Komasäufer sind meist Jugendliche, oft auch schon Kinder, die sich derart mit Alkohol zuschütten, dass sie nicht mehr wissen, wer sie sind, und nur noch kotzen können. Mehr als 23.000 Kinder und Jugendliche wurden 2007 nach exzessivem Alkoholgenuss teils schon bewusstlos in Krankenhäuser eingeliefert – so viele wie nie zuvor. Maßlosigkeit ist selbstzerstörerisch. Neu ist sie nicht.

Es hat das immer gegeben: Das Gastmahl des Trimalchio (lat. *Cena Trimalchionis*) ist die längste erhaltene und die bekannteste Episode aus dem fragmentarisch überlieferten Roman *Satyricon* des Petronius Arbiter (gest. 66 n. Chr.). Es ist die Geschichte von gefräßigen Schmarotzern. Sie versammeln sich um den zu irrwitzigem Reichtum gelangten, freigelassenen Sklaven Trimalchio. An seiner Tafel öffnet eine Cloaca maxima ihre Schleusen: ein vulgärer Strom von Volks- und Gossensprache, eine Welt ohne Götter, eine Zivilisation, die alle menschlichen Verhältnisse relativiert. Um noch einen größeren Genuss zu haben, stecken sich die Teilnehmer dieses Gastmahls Pfauenfedern in den Hals, kitzeln sich bis zum Erbrechen, damit sie weiteressen können, wenn es physisch nicht mehr geht. Hat man so den Magen geleert, kann man, wenn der nächste Gang mit den gebratenen Tauben kommt, wieder weiteressen. Das große Fressen – unappetitliches Urbild der Unmäßigkeit.

Tiere hören auf zu fressen, wenn sie satt sind. Man kann höchstens den Pawlowschen Effekt erzeugen, dann läuft Ihnen aufgrund eines Reiz-Reaktionsschemas das Wasser im Mund zusammen und die chemischen Reaktionen führen dazu, dass sie wieder anfangen zu fressen. Aber das ist nicht das Normale. Man sagt: mit einer satten Katze kann man keine Mäuse fangen. Ein Tier weiß, wann es genug hat. Der Mensch anscheinend nicht.

Wir Menschen sind die schlimmste aller Arten. Wir machen die Welt kaputt, nicht weil wir wirklich hungern. Wir lassen andere hungern, damit es uns gut geht.

Die Einsicht in das Maß ist nicht von asketischen Mönchen erfunden worden. Es ist auch keine benediktinische Sondereinsicht. Weise Menschen aus allen Traditionen sahen sich veranlasst, immer wieder darauf hinzuweisen: Der Mensch kann seinen Trieb zügeln. In der islamischen Überlieferung findet sich der Rat: „Trinkt nicht in einem Zug wie eine Kamel trinkt. Trinkt, indem ihr zwei oder dreimal absetzt." (Hadith)

Aristoteles (384–322 v. Chr.) hat sich in seiner „Nikomachischen Ethik" intensiv mit diesem Phänomen befasst. Er benennt das rechte Maß, die rechte Mitte und zeigt, dass es nicht um Mittelmäßigkeit geht. Verwegenheit ist das Übermaß an Mut, Feigheit das Gegenteil. Die rechte Mitte ist die Mannhaftigkeit. Selbstdisziplin liegt zwischen Ausgelassenheit und Gefühllosigkeit, Freigebigkeit zwischen Verschwendung und Knauserei.

Und ein chinesischer Zenmeister aus dem 11. Jahrhundert hat es mit diesen Worten gesagt: „Wenn du Hunger hast, iss etwas, doch höre mit dem Essen auf, bevor du voll bist." (Sun Tung-po, 1036–1101)

Der bekannte Psychosomatiker Thure von Uexküll hat anlässlich seines 95. Geburtstags, den er bei bester Gesundheit beging, in der Zeitung bekannt: „Ich habe Wein immer in nicht unerheblichen Mengen, aber nie unmäßig getrunken." Der Kaiserstühler Winzer, von dem er seinen Wein bezog, ergänzte: Der Gelehrte habe noch in hohem Alter täglich zwei bis drei Flaschen Wein, allerdings nur einen „gesunden", auf natürliche Weise hergestellten, getrunken. Und von Uexküll fügte noch hinzu: „Wenn nur noch Askese das Leben verlängert, dann bin ich dafür, die Askese zu verkürzen."

Lassen wir die Ironie beiseite. Askese ist positiv. Sie beruht immer auf Einsicht. Maß zu halten ist Ausdruck von Klugheit. Was von Uexküll betrieben hat war ja – irgendwie – Askese, er hat immerhin nicht der Lust nachgegeben, über das ihm zuträgliche Maß hinaus zu trinken. Im Alter verschieben sich die Grenzen. Ich selber kann in meinem jetzigen Alter nicht mehr so viel essen wie früher, selbst wenn es mir noch so schmecken würde. Beim Alkoholgenuss gilt dasselbe. Aber dann nehme ich eben weniger. Damit geht es mir gut. Das rechte Maß erzeugt das echte Wohlbefinden.

Benedikt verbietet den Weingenuss keineswegs. Der Mönch „achte allerdings darauf, dass sich nicht Übersättigung oder Trunkenheit einschleichen .... Zwar lesen wir, Wein passe überhaupt nicht für Mönche. Weil aber die Mönche heutzutage" – es war im 6. Jahrhundert – „sich davon nicht überzeugen lassen, sollten wir uns wenigstens darauf einigen, nicht bis zum Übermaß zu trinken, sondern weniger." Er gesteht ihnen eine „Hemina" pro Tag zu, einen Viertel- oder einen knappen halben Liter (die Interpretation der Maßeinheit schwankt). Wenn es im Sommer aber heiß ist oder wenn sie schwer arbeiten müssen, kann ihnen der Abt sogar mehr zugestehen: „Nur achte er darauf, dass es im rechten Maß bleibt, dass die Mönche nicht bis zum Übermaß trinken, sondern weniger. Denn der Wein bringt selbst die Weisen zu Fall." (Benediktusregel, Kap. 40)

Und dann sagt Benedikt noch, sehr verständnisvoll: „Und wenn irgendwo kein Wein wächst, sollen die Mönche nicht murren, sondern Gott danken und lobpreisen." Der heilige Thomas von Aquin übrigens, der in einer Gegend groß geworden ist und auch gelebt hat, in der es Wein gab, hat gesagt, wenn einer sich wissentlich so sehr des Weines enthielte, dass er die Natur arg beschwerte, so wäre er nicht frei von Schuld. In Italien gehört der Wein aus alter Traditionen zu den normalen Tischgetränken, wie früher in Bayern das Bier. Wein war damals noch kein Genussmittel im heutigen Sinn, sondern das normale Getränk zum Essen. Natürlich wusste man auch damals schon, dass man sich betrinken kann. Und das war auch damals schon ein Laster. Darum sagt ja der heilige Benedikt, es soll alles mit Maß geschehen.

Nietzsche hat übrigens gesagt, es sei leichter, einer Begierde ganz zu entsagen, als in ihr Maß zu halten. Das würde ich auch sagen. Es ist leichter, radikal zu sein, als das rechte Maß einzuhalten. Das unterscheidet übrigens die Benediktiner auch von religiösen Gemeinschaften, die sich strenge Bußübungen auferlegen. Ich respektiere die dahinter stehende Ernsthaftigkeit. Aber ich glaube auch: Man muss immer wieder für sich entscheiden, was das rechte Maß ist. Das rechte Maß ist nicht per Gesetz zu fixieren. Verlangt sind Freiheit und die Entscheidungsgabe, sagen zu können: Bis hierher gehe ich und nicht weiter, mehr oder anderes bekommt mir nicht.

Das eigentliche Problem der Maßlosigkeit liegt heute nicht im Fehlverhalten Einzelner. Maßlosigkeit ist ein durchgehendes Merkmal unserer Gegenwart. In der Benediktsregel steht in Kap. 47 als Vorgabe: „Damit alles zur rechten Zeit geschieht." Wie wir mit der Zeit umgehen, diesem kostbarsten und durch den Tod definitiv begrenzten Gut unseres Lebens, zeigt vielleicht am deutlichsten, wie tief Maßlosigkeit in unser Leben eingedrungen ist, ja dass sie schon strukturelle Züge angenommen hat. Die Beschleunigung scheint keine Grenzen zu kennen. Unser Tempo kennt kein Stop. In einer Welt, in der alles vom Computer, rund um die Uhr, gemacht werden kann, sind nahezu alle Vorgänge flexibilisiert und immerzu beschleunigbar. Immer mehr Menschen haben daher keine vorgegebenen Zeitmuster mehr. Sie gewinnen damit nicht größere Freiheit, sondern verlieren ihre innere Ordnung. Die Zeit gerät durcheinander. Nicht alles freilich geht immer schneller. Anlässlich seines 100. Geburtstags hat der Sozialethiker Oswald von Nell-Breuning seine Zeiterfahrung auf den Punkt gebracht. In den 1920er Jahren habe er von seiner Hochschule in St. Georgen zum Frankfurter Hauptbahnhof 15 Minuten gebraucht, heute, „nur" noch 25 Minuten.

Wir leben in unaufgelösten Widersprüchen. Durch die Beschleunigung kommen wir nicht aus der Zeitnot. Gerade in einer Zeit der Beschleunigung aller Lebensbereiche ist es notwendig, das Gespür für die kreative Kraft des Maßes und der Ruhe zu pflegen. Wir sind Gefangene des Tempos. Freiheit sieht anders aus. Viele in ihrer Zeitnot getriebene Manager erfahren dies, wenn sie „auf Zeit" am Leben der Mönche teilnehmen: Das geordnete Miteinander von Gebet, Arbeit und geistlicher

Lesung bietet die Möglichkeit, das eigene Leben deutlicher wahrzunehmen, die Weichen so zu stellen, dass es in die richtige Richtung verläuft.

Oder nehmen wir die Informationsgier – als Gier, sofort dabei zu sein und nichts zu verpassen. Man versucht alles gleichzeitig und auf einmal zu tun und gibt sich dabei doch auf. Wir haben SMS, E-Mails, Twitter, Facebook, wir sind online, skypen und mailen und haben doch ständig das Gefühl, das Entscheidende nicht mitzubekommen. Eine Unmenge an Informationen steht zur Verfügung, stürmt auf uns ein, besetzt unser Gehirn. Das verursacht physischen Stress und seelische Schäden. Wer das auch nur einen Tag lang tut, so sagen die Hirnforscher, der lässt sich von den Informationen instrumentalisieren und ist nicht mehr Herr seiner selbst. Er verliert seine Kreativität, und letztlich auch seine Freiheit. Man wird süchtig nach Neuem – das ist auch der Kern der Neu-Gier – und gleichzeitig doch bloß zum Durchlauferhitzer von Informationen. Die Informationen passieren, ohne sich zu verankern. Wichtig ist auch hier: Grenzen setzen. Sein eigenes Maß finden. Ichstärke, das sagen auch die Gehirnforscher, entwickeln wir nur, wenn wir uns von dem Ansturm nicht überwältigen lassen: Wenn wir wirklich nicht bei jedem Klingeln des Telefons schon springen, sondern es klingeln lassen. Wenn wir nicht jede E-Mail sofort öffnen – auch wenn sie vielleicht erwartet wird. Bei Facebook ist es nicht anders: Wenn wir nur mitteilen, statt zu kommunizieren, wenn wir uns offenlegen und Intimes von uns preisgeben ohne Verpflichtung, dann ist das „Selbstprostitution auf der Basis von Informationsgier". Ernst Pöppel, Professor für Medizinische Psychologie in München, hat dieses Verhalten so bezeichnet, bei dem man sich nur zeigt, ohne sich wirklich zu öffnen. Wenn man 100 virtuelle Freunde, aber keinen echten hat. Auch hier ist das Maß wichtig. Das Maß ist der Mensch, ich selber und der wirkliche andere, dem ich mich zuwende, dem ich achtsam zuhöre, mit dem ich lachen und weinen und streiten und mich versöhnen kann.

Gezügelte Gier

Maß – das Wort hat für moderne Ohren einen etwas strengen Beigeschmack, es riecht nach Einschränkung, Zurückdämmung, nach Kandare und Zügelung. Auch Mittelmaß schwingt mit. Lauter Begriffe, so scheint es, die nicht sehr nach Freiheit duften. Aber es ist nichts anderes als gezügelte Gier.

Platon gebraucht ein schönes Bild: Er vergleicht die Triebe mit Rössern, die einen Wagen ziehen und die in ihrer Kraft gefährlich werden, wenn sie anfangen zu scheuen. Da braucht es den Wagenlenker, der mit seinen Zügeln die Tiere bändigt und den Wagen in der richtigen Bahn hält. Alles andere wäre gefährlich. Die Zügel der Vernunft, das Instrument des Maßhaltens geben die Möglichkeit, wachsam mit Gefährdungen umzugehen.

Triebe können überlebensnotwendig sein. Der Mensch kommt als Triebwesen auf die Welt. Er kommt gierig auf die Welt und schreit, wenn er Hunger spürt, damit er etwas zu essen bekommt. Und brüllt, wenn er Schmerzen hat oder auch, wenn ihm etwas zuwider ist. Und er muss doch im Verlauf seines Lebens lernen, aggressive Empfindungen zu zügeln, damit er frei ist – auch wenn er natürlich damit nicht von seinen Trieben befreit sein und als ätherisches Luftwesen leben wird.

Der Philosoph Ludwig Feuerbach sagt einmal, dass all unser Bestreben ins Absolute geht. Die Neigung zum

Absoluten – und damit die Tendenz zur Überschreitung des Maßes – ist uns Menschen sozusagen angeboren. Gefährlich wird diese Neigung als fehlgeleitete Form von Religion. Wer keinen Gott hat, ist in Versuchung, seinen Drang nach Absolutheit in ein materielles „Immer mehr" zu projizieren.

Der maßlos Gierige möchte Genuss im absoluten Sinn haben, unermessliche Lust. „Alle Lust will Ewigkeit", sagt Nietzsche. Am Ende der Gier steht aber nie das Glück wirklicher Erfüllung. Gier ist das sichere Negativvorzeichen eines grenzenlosen Drangs nach dem Absoluten.

Nur Menschen essen bis zum Erbrechen oder trinken, bis sie nicht mehr können. Wir nennen das „tierisch" – völlig unzutreffend. Ein Tier *scheint* uns nur gierig oder maßlos zu sein. Ein Hund, der hungrig einen Teller schnell leer frisst, wird aufhören, wenn er seinen Hunger gestillt hat. Von Gier sprechen wir, wenn die Naturgrenze des Triebs überschritten wird. Gier kommt nicht vom Tierreich, sondern ist ein Teil der Freiheit des Menschen.

Maß bzw. Maßlosigkeit war eines der zentralen Themen der antiken Philosophie. Seneca und Marc Aurel haben eine ganze Tugendlehre damit verbunden. Der Kern ihres Nachdenkens: Ich kann in Freiheit auf etwas verzichten. Der Körper mag mir sagen: Es wäre gut. Ich kann entscheiden: Ich tue es trotzdem nicht. Ich lese am Abend nicht mehr, ich lasse etwas liegen. Ich spiele gerne, aber ich weiß auch, wann ich aufhören muss. Die Versuchungen sind groß, und alles kann umkippen und krankhaft werden: Genießen zur Genuss-Sucht, intensive Arbeit zur Arbeitssucht. Von Süchten kommen wir nur los, wenn wir die Naturgrenzen wahrnehmen und einhalten.

Wenn ich von den Trieben spreche, meine ich nicht nur Essens- oder Sexualtrieb, sondern genauso den Ehrgeiz, den Machttrieb, die Sucht nach Anerkennung und Geltung, Territorialstreben und Platzhirschgehabe – diese von der Verhaltensbiologie beschriebenen archaischen Muster. Sie machen den Menschen nicht frei, sondern abhängig.

Maßhalten bedeutet immer Disziplin. Den Trieben nicht freien Lauf zu lassen, ist aber keine Freiheitsbeschränkung. Im Gegenteil: Es ist die Ermöglichung der Freiheit jenseits biologischer Festlegung. Wer gemäß der Tugend lebt, wird auch immer das rechte Maß finden. Er weiß, dass es kein unendliches Glück gibt. Rechtes Maß heißt auch: Sich beschränken können, wissen und akzeptieren, wenn es genug ist. Zufrieden sein mit dem, was man wirklich braucht. Und sich über das freuen, was man hat.

Der Genusssüchtige frisst und schlingt hinunter. Das Gegenbild ist der stille Genießer, der etwas auch langsam auskosten kann und sich ein gutes Essen oder einen schönen Tropfen auf der Zunge zergehen lässt. Ein Genusssüchtiger, der eine Gänseleber hinunterschlingt, hat trotzdem nicht den rechten Genuss, vor allem, wenn hinterher die Gier nach immer mehr kommt. Lebenskunst besteht darin, Gutes zu genießen, dann aber auch darin, zur rechten Zeit zu sagen: Es reicht.

Nicht um Verzicht an sich geht es also, sondern um das rechte Maß. Ein schönes Beispiel, wieder aus der Regel des Benedikt: Er sagt, in der Fastenzeit solle der Mönch von allem ein bisschen nehmen und bei allem ein bisschen verzichten. Beim Essen und Trinken ebenso wie beim Schlafen. Er soll nichts übertreiben und auch den Verzicht dem Urteil des Abtes unterwerfen, damit er nicht der Sünde des Stolzes verfällt.

Freiheit ist eine Quelle des Glücks. Maß halten heißt: Freiheit in dem zu finden, was ich habe. Gier macht unfrei. Sie hat nur sich im Blick und ist gebunden an das entfesselte Ego. Maßhalten ist also auch das Freiwerden von Gier und die Freiheit von sich selber. Das bedeutet: Diese erfüllte Freiheit allein ist schon ein Glück. Wenn ich damit aber frei werde, Gutes zu tun, dann steigert es noch das Glück. Auch mit Gerechtigkeit hat das zu tun: Denn wenn ich selbst frei bin, wenn ich mir selber gerecht werde, dann habe ich auch die Freiheit, anderen gerecht zu werden.

Hammer oder Fliegenpatsche?

In sein endliches Leben ein Maximum an Genüssen und Erfahrungen hineinzupressen, das ist letztlich Getriebensein von Todesangst, kein Glücksrezept. Drogen verschaffen mir vielleicht einen schnellen „Kick". Aber letztlich bringen sie mich um. Ich werde beim ersten „Schuss" abhängig. Wer mit Genussmitteln nicht Maß halten kann, dem wird bald alles Genießen verdorben sein.

Man tut anderen, aber auch sich selber etwas Gutes, wenn man Maß hält. Wenn ich mit einer Fliegenpatsche Fliegen am Fenster jage, erziele ich die gewünschte Wirkung. Ein Hammerschlag wäre vielleicht noch wirkungsvoller, aber im Endergebnis kontraproduktiv.

Auch in der Beziehung zu anderen schützt das rechte Maß. Es ist das, was wir als „verhältnismäßig" bezeichnen. Selbst bei Strafen gilt das. Das rechte Maß meint auch soziale Angemessenheit. Nichts überziehen – auch nicht durch Perfektionismus. Perfektionisten zerstören mit den Konsequenzen ihres Anspruchs oft das, was sie erreichen wollen. Darin sind sie Querulanten ähnlich, die destruktiv auf ihrem eigenen Recht beharren und nicht kompromissfähig sind. Zum Vergleich und zum Kompromiss gehört aber das rechte Maß. Ein guter Richter z. B. kann das austarieren. Schon Benedikt warnt davor, das geknickte Rohr zu zerbrechen. Ein anderes sehr sprechendes Bild, das er verwendet: „Wenn ich meine Herden unterwegs überanstrenge, werden alle an einem Tage zugrunde gehen."

Gier frisst Hirn

„Gier frisst Hirn", diese Einsicht hat der durch Betrug zu zweifelhaftem Ruhm gelangte Bauunternehmer Jürgen Schneider in einem seiner Bücher selbstkritisch formuliert. Vielleicht war es zu spät, die Konsequenzen daraus zu ziehen. Denn gegen einen Mann, der, wie es in einem Urteil des Frankfurter Landgerichts steht, für kurze Zeit ein „attestiertes Nettovermögen" von umgerechnet 2,5 Milliarden Euro hatte und der mit einer Summe von umgerechnet 122 Millionen Euro geflüchtet war, wurde 2010 schon wieder wegen Verdachts auf Betrug ermittelt. Gier verträgt sich nicht mit Klugheit. Die Gier nach Geld, Macht und Einfluss kann zum rauschhaften Lebensgefühl werden. Im positiven Fall ist klug und verantwortlich genutzte Macht die Möglichkeit, zu gestalten und an der sinnvollen Ordnung des Lebens mitzuarbeiten.

Aber es gibt eben auch die andere, dunkle Seite der Macht: Die Lust, über andere zu herrschen und sein Ego sich austoben zu lassen. Wir sprechen vom Machtrausch und meinen damit, dass Klugheit, Gerechtigkeit und Maß in einem solchen Zustand keine Rolle mehr spielen. Und wenn man von einem Mächtigen sagt, dass er „an seinem Stuhl klebt" – zeigt schon das Bild den Kern der Sache: Wer klebt, ist gefesselt, der ist nicht frei.

Der Dichter Dante wusste es offensichtlich genau: Gier bringt nicht das Glück, in alle Ewigkeit nicht. Die Gierigen wollen das Absolute – und schmoren in der Hölle: In seiner „Divina Comedia" lässt Dante die Habgierigen einen eigenen Höllenkreis bewohnen, in dem sie ewig schwere Felsblöcke im Kreis vor sich herschieben. Eine ziemlich harte Strafe. Und ein sehr aussagekräftiges Bild für das Kreisen um ein unerreichbares Ziel.

Schafft Gier aber möglicherweise auch Freiheit? Es gibt Leute, die das behaupten. Die berühmte Bienenfabel von Bernard Mandeville geht davon aus, dass der Bienenstaat nur funktioniert, weil die Bienen eigennützig sind. Die Folgerung: „Mit bloßer Tugend kommt man nicht weit, wer eine goldene Zeit zurückwünscht, sollte nicht vergessen, dass man damals Eicheln essen musste." Mandeville sagt also, der Wohlstand sei einer Haltung zu verdanken, die auf dem Wunsch nach Mehr beruht. Dieser Wunsch hat allerdings auch eine dunkle Seite und kann umschlagen in die ungezügelte Gier nach Mehr. Dass solche Gier nicht weiterführt, haben wir in der Bankenkrise gespürt. Wenn also argumentiert wird, die Gier bringe die Menschheit voran, der Wohlstand der Menschheit sei ohne diesen Antrieb gar nicht möglich, dann muss man dem entgegenhalten: Richtig ist, dass wir ohne beständiges Streben nach Verbesserung und Vermehrung von Werten nicht weiterkommen. Aber in die Gier darf dieses Streben nicht ausarten, zumal wenn es viele Menschen um ihren Arbeitsplatz bringt und Familien in die Not stößt.

Wo die Grenze zwischen Gier und dem Streben nach Mehr liegt, ist nicht ganz einfach auszumachen. Dafür haben wir unsere Freiheit und unseren Verstand. Eine Rendite von sechs Prozent, halte ich bei Geldanlagen etwa für eine gute Rendite, ich brauche nicht mehr. Als jemand mir sagte: Leg das Geld bei uns an, wir machen 30 Prozent, war meine Antwort: Das kann nicht mit ehrlichen Dingen zugehen, darauf muss ich verzichten.

Vor der Bankenkrise und dem Platzen der Finanzblase hätten Tugenden sicher genutzt. Bei den Bankern war es übrigens nicht Klugheit, die in erster Linie gefehlt hat, sondern Ehrlichkeit. Dass sie manche ihrer Finanzprodukte nicht verstanden haben, war ihnen gleichgültig. Die Hauptsache für sie war: Es bringt viel Geld. Klugheit hat bei den Gläubigern gefehlt, die hätten nachbohren müssen: Was sind das für Papiere, wie sind sie abgesichert? Gier bringt bestimmte Areale im Hirn in Wallung. Es ist wie bei Gratisangeboten, die nachweisbar so etwas wie rauschhafte Zustände hervorrufen und die Verstandesklarheit herunterdimmen.

Allerdings sollte man nicht voreilig mit dem Finger auf andere zeigen. Letzten Endes können wir alle in Gier verfallen, wenn wir nur stark genug in Versuchung geführt werden. Wer da schnell den moralischen Zeigefinger hebt, sollte sich fragen: Wenn in deiner Nähe Tag und Nacht zwei Millionen liegen würden und du hättest den Eindruck, dass es keiner sieht, wenn du sie nimmst, was wäre dann? Es ist eine Verlockung, und der Mensch schwach und versuchbar.

Geld verspricht Glück. Dabei könnte man fast sagen: Unselig die, die einen großen Gewinn beim Lotto machen. Kürzlich war von einer Wettgemeinschaft in Sizilien zu lesen, die in der Folge brutal von der Mafia ausgenommen wurde. Und eine süditalienische Lottogemeinschaft aus dem Dorf Peschici hatte 1998 einen Millionengewinn gemacht. 99 Glückspilze, von denen jeder einzelne damals (umgerechnet) 640 000 Mark bekam. Das SZ-Magazin berichtete: Matteo Costante, ein Fischer, hat sich vom Geld das Restaurant „L'Orizonte" gekauft, das bald darauf abbrannte. Der frühere Bademeister Michele Mastromatteo, ebenfalls Restaurantbesitzer, trauert heute der schönen Zeit nach, als er als Bademeister unten am Strand war. Gianni Tavaglione, 50, ist arbeitslos und total überschuldet, nachdem auch sein Restaurant abgebrannt ist und er von seinen „Freunden" weiter zur Zahlung der Miete gezwungen wurde. Ein anderer ist an Krebs gestorben. Und der Kioskbesitzer, auch einer der Glücklichen, konstatiert „Jetzt ist alles wieder normal – auch in Peschici: Die, die vorher arm waren, sind wieder arm. Die Reichen sind immer noch reich!" Vielleicht sind die einen einfach auch cleverer und werden es immer zu etwas bringen, andere nie.

Wenn man der Vita von Leuten nachgeht, die angeblich das große Glück gemacht haben, sieht man oft: Sie sind alles andere als glücklich. Erst kürzlich gab es in Italien, irgendwo auf dem Land, wieder einen solchen Lotteriegewinner. Auf den ist die ganze Bevölkerung zugestürmt, jeder mit einem dringlichen Anliegen. Er ist unter dem Neid der alten Freunde nicht mehr glücklich geworden. Die Gier hat alle, ihn eingeschlossen, aufgefressen.

Was ist mit dem Geld so Faszinierendes verbunden? Glück als konsumierbares materielles Gut? Natürlich: mit Geld liegt einem die Konsumwelt zu Füßen, man kann sich Macht verschaffen, man kann Einfluss erkaufen. All das, was man mit einem intensiveren Leben verbindet. Für viele Menschen bedeutet es auch: mehr haben, mehr Konsum, „ein schlaueres Leben" ohne Arbeit. Angesichts manch monotoner Arbeit ist das ein nachvollziehbares Ziel. Wer aber meint, mit dem Geld könne man sich Glück verschaffen, unterliegt einem Irrtum. Geld macht am ehesten glücklich, wenn wir andere damit glücklich machen.

Sicher haben auch die freien Bürger im antiken Rom oder Griechenland nicht mühevoll gearbeitet, sondern das Ideal der Muße – als Zeit für kreative kulturelle Tätigkeit – hochgehalten. Aber entscheidend ist die Freiheit. Gier ist der Kreativität abträglich. Sie fesselt den Menschen an äußere, materielle Werte.

Bescheidenheit – eine Zier?

„Bescheidenheit ist eine Zier, doch weiter kommt man ohne ihr." Dieser Spruch ist so gängig und so falsch wie: „Der Ehrliche ist immer der Dumme." Denn das sagt nicht der Kluge. Das sagt eher der Ehrgeizige, der sich um der Karriere willen gut verkaufen will.

Bescheidenheit und Demut sind die zwei kleinen Geschwister der Kardinaltugend des Maßes. Das sind keine Tugenden zweiten Grades, sie hängen zusammen. Ihr Widerpart ist der Stolz. Auch Stolz ist ein Trieb, der zum Maßlosen tendiert.

Natürlich kann man noch in der Demut maßlos sein. „In einer Tugend bin ich wohl nicht zu übertreffen", soll einmal ein Mönch gesagt haben, „in der Demut." – Wenn einer sich auf die Demut etwas einbildet, dann hat er sie eben nicht. Jedoch beschreiben die christlichen Väter, wie etwa der heilige Benedikt im 7. Kapitel seiner Regel, die Demut, die Grundhaltung des Christen, als Aufstieg zu Gott in zwölf Stufen. Das ist das Paradox: Aufsteigen, zur Vollkommenheit kommen, indem man hinabsteigt. Jesus spricht öfters davon: „Wer sich selbst erhöht, wird erniedrigt, wer sich aber selbst erniedrigt, wird erhöht werden" (Lk 14,11; 18,14; Mt 23,12).

Maß hat mit Demut zu tun – und die ist das Gegenteil von Überheblichkeit und Stolz. Unsere Gesellschaft funktioniert jedoch anders: Nur wer etwas aus sich macht, sich selber gut darstellen und verkaufen kann, gilt etwas. Das Streben nach Mehr ist das Schwungrad des Erfolgs – die Gier nach mehr Einfluss, Macht und Reichtum. Jesus kehrt die Werte um: „Wer so klein sein kann wie dieses Kind, der ist im Himmelreich der Größte" (Mt 18,3f.). Das Lob der Kleinen, der Niedrigen, der Armen findet sich auch in den Psalmen und Propheten.

Sich als klein zu erfahren, kann auch menschlichen Fortschritt bedeuten, und Demut kann Wahrnehmen des rechten Maßes sein: Wer sich klein weiß vor dem Unendlichen, wird groß, weil er so die Größe des Unendlichen ahnt. Der Demütige ist so der eigentlich Kluge. Er lässt ab von der rastlosen Spannung, die im ständigen vergleichenden Schielen auf den anderen ihre innere Unruhe speist.

Bescheidenheit heißt nicht, dass man seinen Selbstwert verleugnen und sein Licht immer unter den Scheffel stellen sollte. Jeder kennt die Stelle der Bibel: „Man zündet nicht ein Licht an und stülpt ein Gefäß darüber …" Natürlich soll das Licht leuchten, aber es leuchtet von selber, ich brauche nichts dazu zu tun.

Demut vereinfacht das Leben – und ist vielleicht gerade deswegen ein Weg zum Glück. Pater Stanislaus Maudlin, ein 1916 geborener, sehr lebenserfahrener Mensch, aus der Benediktinerabtei Blue Cloud in Marvin (South Dakota), USA, hat in dem Band „Wisdom of Benedictine Elders" erklärt, wieso der Wert der Demut (lat. humilitas) für ihn so wichtig ist: Humilitas hängt ja mit Humus (Erde) zusammen: „Sei wie die Erde und nimm alles in dich auf, und dann treibe neue Blumen in die Höhe, neues Leben, neue Frucht, neues Sein. Ich mag es, die Dinge in ihrer einfachsten Beschaffenheit aufzunehmen. Die wenigen Worte des Heiligen Benedikt erleichtern mir das Leben in vielerlei Hinsicht. Ich wünschte, ich könnte das Leben auch für andere Menschen erleichtern. Wir leben in solch einer künstlichen und komplizierten Gesellschaft. Wenn ich Anleitungen zum Innehalten gebe, versuche ich Menschen zu helfen, sich zu entspannen und die Einfachheit des Lebens und die Einfachheit unserer Bestimmung im Plan unseres Schöpfers zu erkennen."

Es hat etwas von Unmäßigkeit an sich, wenn sich jemand selber ins Zentrum stellt. Wer sein Maß kennt, lässt auch den anderen gelten. Er hat es nicht nötig, zu Lasten anderer zu prahlen. Maß heißt auch: einsehen, dass ich „normal" bin. Und selbstbewusst sein kann auch, wer nicht der Beste und der Stärkste ist. Bescheidenheit kann entspannend sein, wie Verzicht.

Jemand hat mir von einer jungen Freundin erzählt, die ins Kloster ging und sagte, eines der schönen Dinge im Kloster sei, dass sie sich nicht jeden Tag vor den Kleiderschrank stellen und überlegen müsse, was sie anzieht. Dieses Empfinden kenne ich selber auch. Wenn ich mein Mönchsgewand anhabe, dann bin ich „angezogen". Wenn ich dann wegfahre und mich umziehen muss, dann stehe auch ich vor dem Kleiderschrank, schaue zuerst einmal im Internet nach, auf welche Temperaturen ich mich einstellen muss, und frage mich, was ich jetzt für eine Hose anziehen soll und so weiter. Lauter unnützes Zeug.

Es mag ein bisschen idyllisch klingen, aber zur Zufriedenheit gehört auch, zu sagen: Was ich habe, ist genug, ich brauche nicht so viel. Wenn ich gut gekleidet bin, reicht mir das, ich muss nicht jedes Jahr etwas Neues haben.

Zuviel des Guten

Die alten Mönche sagten, dass alles Übermaß von den Dämonen komme. Das bezieht sich auch darauf, dass das man auch des Guten zuviel tun kann. Es kann sogar sein, dass sich das Böse in das Gewand des Guten kleidet. Der Mensch kann zwar auch um eines höheren Zieles willen seine Grenzen überschreiten. Ärzte, die 24 Stunden im Dienst sind, zum Beispiel. Im eigentlich Guten kann man nicht maßlos sein. Aber ich muss aufhören, wenn ich es nicht mehr verkrafte.

„Zuviel des Guten": Das ist, wenn zum Beispiel Kinder mit Spielsachen überschüttet werden oder wenn ein Reicher seine Frau mit Klunker behängt wie einen Weihnachtsbaum – selbst wenn es der Frau gefallen sollte.

Maß hat mit Grenze zu tun. Gastfreundschaft kann etwas Wunderbares sein. Für den Gast und den Gastgeber. Was die Klöster angeht, so sagt Benedikt: Man möge den Gast wie Christus beherbergen. Aber irgendwann ist es genug. Nach drei Tagen, sagt man, fängt der Gast an zu stinken. Und in den Klöstern gibt es die Regel: Gäste werden drei Tage verköstigt. Danach werden sie eingebunden in das normale Leben. Sie arbeiten mit – und verdienen sich so ihren Aufenthalt.

Auch Frömmigkeit kann man übertreiben. Beten ohne Unterlass, so dass jemand das Arbeiten vergisst, das Kochen vergisst, das ist heute nicht mehr die große Gefahr. Aber auch das gab es. Deshalb sagt eben Benedikt, das rechte Maß ist auch hier wichtig: Zu gewissen Stunden soll man beten, zu gewissen Stunden arbeiten, zu gewissen Stunden lesen, zu gewissen Stunden ausruhen …

Man kann alles übertreiben, sogar den Familienzusammenhalt. Dass Kinder Familienbezug haben, ist wunderbar. Wenn sie aber nicht mehr aus dem „Hotel Mama" ausziehen wollen, verhindert das die Reifung. In Italien sind die Söhne oft bis zur Verheiratung am Tisch der Mama. „Bamboccioni" werden sie in Italien genannt, „Nesthocker". Ein Heer längst erwachsener Kinder, die bei Mama und Papa wohnen bleiben, weil es da bequemer ist. Knapp 45 Prozent von ihnen gaben bei einer Umfrage zu, dass sie der Bequemlichkeit wegen das Elternhaus nicht verlassen. Man sieht: Die Tugend des Maßes hat durchaus soziale Konsequenzen.

Leidenschaft ist etwas anderes

Heißt Maß Leidenschaftslosigkeit? Nein, ich halte es da eher mit dem Philosophen Hegel, der sagt, es passiere in der Welt nichts Großes ohne die Leidenschaft. In der Bibel heißt es schließlich auch: „Die Lauen werde ich ausspeien aus meinem Mund" (Offb 3,16). Leidenschaft ist die Bereitschaft, sich für etwas einzusetzen und hinzugeben. Liebe zum Beruf ist so etwas oder der Eros des Wissens, also der Drang, etwas zu verstehen und zu erkennen. Gute Studenten haben das: Anspannung, den Willen, Großes zu leisten, etwas zu erreichen. Und ganz klar ist: Maßhalten heißt nicht, dass ich dasitze und warte, bis die Lust vergangen ist.

Maßhalten bedeutet, eine ungeordnete Leidenschaft zu zügeln und in die rechten Bahnen zu lenken. Ich denke immer an die durchgehenden Pferde. Wenn ich die sich selbst überlasse, ohne den Wagenlenker, dann stürzen sie mit dem Wagen ins Verderben.

Ein kluger Mensch weiß: Man muss, um sein Maß kennenzulernen, das Maß auch überschreiten. Das ist vor allem für einen jungen Menschen wichtig, damit er sieht, wo seine Möglichkeiten liegen. Als erwachsener verantwortlicher Mensch müsste man dann allerdings eigentlich seine Grenzen kennen. Kürzlich las ich von einem Unfall in einem großen italienischen Freizeitpark, wo man mit höchster Geschwindigkeit über 50 Meter hochkatapultiert wird. Es geht um den Kick. Einer Frau – eine bekannte Sportlerin – hat es dabei die Aorta zerrissen. Man ist in Versuchung zu sagen: Selbst schuld. Jeder weiß doch: Dazu gehört ein gesundes Herz. Wer so etwas macht, sollte so verantwortungsvoll sein, sich zuerst untersuchen zu lassen. Aber wir Menschen sind nun mal so, es reizt einfach.

Maß bedeutet also: um seines eigenen Guten willen die Grenzen wahrnehmen und einhalten. Das ist auch eine Folge von Übung. Nicht nur Mönche müssen das jeden Tag praktizieren. Aber auch beim Thema Selbstbeherrschung kommt es auf die Praxis – und auf die innere Haltung an. Es gibt einen originellen Satz von Thomas von Aquin, der sagt: „Keine wahre Tugend ist die Selbstbeherrschung der Geizhälse, die sich keine Unzucht gönnen, weil sie Geld kosten könnte." Thomas war ein großer Realist. Und ein Menschenkenner.

Mönche und Nonnen leben länger, wenn man Untersuchungen glaubt. Man sagt, die Kartäuser und die Trappisten haben die höchste Lebenserwartung. Das hängt mit der ausgeglichenen Lebensweise zusammen, die nicht nur der Seele, sondern auch dem Körper, dem Leib entspricht.

In Österreich wurde kürzlich eine Untersuchung publiziert, derzufolge die Leute glauben, dass Mönche und Nonnen glücklicher und zufriedener sind als andere. Ob sie es tatsächlich sind, kann die Umfrage natürlich nicht sagen. Das entgegengesetzte Klischee bestand früher darin, zu sagen: Die Armen hinter den Mauern, die sind so unglücklich. Dieses Klischee ist heute nicht mehr so stark verbreitet. Mit der Natur in Einklang leben, sein Leben in einem geordneten Rhythmus, in einem naturnahen Maß vollziehen, das ist in der Wahrnehmung vieler Menschen offensichtlich ein Glückselement. Und manchen erscheint es geradezu als Luxus.

Maß hat immer auch mit Ordnung zu tun. Struktur entlastet den Alltag. Damit bin ich der ständigen Entscheidung entbunden, was jetzt zu tun ist. Ich weiß, ich gehe zu einer bestimmten Zeit in den Gottesdienst. Der Tag ist strukturiert, das rechte Maß ist vorgegeben. Der Tageslauf der Mönche ist ein gesunder Tageslauf. Es ist ein Rhythmus, der in sich schon beruhigt und zur inneren Ruhe führen kann. Sich selber auf ganz besondere Weise im Gleichklang, in Harmonie erleben: Das geschieht in der Kirche, im Gespräch mit Gott und vor allem im *gemeinschaftlichen* Chorgebet.

Das Maß wächst einem auch zu. Durch das fortschreitende Alter etwa. So erfahre ich auch meine Grenzen, vor allem Grenzen der physischen Belastbarkeit. Wenn ich zwei Tage geflogen bin, dann spüre ich das zwei Tage lang. Allein schon das Kofferschleppen und der fehlende Schlaf. Was der Heilige Benedikt dazu sagen würde? Vermutlich: Mach nur weiter. Solang du es kannst. Und irgendwann erledigt sich das von selber. Wenn jemand zurückstecken muss, kann auch viel an Selbstbewusstsein zusammenbrechen. Das ist ein Zeichen: Es geht auf den Tod zu. Es ist eine Einübung auf den Tod. Dass man nicht mehr richtig sieht. Nicht mehr richtig hört. Dass man müde wird beim Laufen. Dass man die Treppen nicht mehr so schnell hinauf- und hinuntergehen kann. Wenn ich die Leute am Flughafen rennen und hetzen sehe, dann denke ich mir oft: Das könnte ich gar nicht mehr. Und füge gleich hinzu: Ich brauche es auch gar nicht mehr. Man kann auch aus der Not ein Glück – oder zumindest eine Tugend – machen: Indem man akzeptiert, was nicht zu ändern ist und in allem das richtige Maß zu erkennen – und danach zu leben sucht.

7 Vom Glauben

Warum Glauben? Vertrauen mag gut sein, aber nur Kontrolle bringt Sicherheit. Die Kirchen, die für den Glauben stehen, haben ihr Vertrauen verspielt. Was haben sie denn noch zu sagen, was wirklich weiterhilft im Leben? Ich glaube an mich selber.

Natürlich kann ich mich nach dem Motto „Trau, schau wem" total absichern. Aber menschliches Leben gelingt nur, wenn wir uns auf andere verlassen können. Glaube an Gott geht darüber hinaus. Und welche Erfahrungen auch immer wir mit Kirche machen: Keiner glaubt für sich allein. Gerade bei jungen Menschen habe ich die Erfahrung gemacht: Auf einmal löst sich das Eis – weil sie erfahren, sie kommen über sich hinaus, sie erleben Fülle. „Wer liebt, erkennt Gott", heißt es in der Bibel. Ja, und was wären wir ohne Menschen, die lieben, ohne Menschen, die glauben und über sich selbst hinauswachsen?

Ich habe das Glück, dass ich Glauben von Anfang an in Gemeinschaft erfahren habe, mit meiner Mutter, mit unseren Hausleuten, – der Vater war im Krieg –, und in meiner Heimatgemeinde. Man war in dem Allgäuer Dorf, in dem ich aufwuchs, mit fragloser Selbstverständlichkeit Mitglied der Kirche, die einen katholisch, die anderen evangelisch. Und ich war in der katholischen Gemeinde so zuhause, dass ich in unserer Kirche jeden Stein kannte. Meine älteste Erinnerung ist Weihnachten 1942, ich war damals zweieinhalb Jahre. Ich bin zu unseren Hausleuten gegangen und auf den Christbaum zu, unter dem ich zwei Plätzchen und drei Bauklötzchen fand. Dann merkte ich plötzlich: Hinter mir steht jemand. Dann drehte ich mich um: Es war der Hausherr, der kurz vorher auf Urlaub aus dem Krieg zurückgekommen war – und ich sah, wie seine Augen strahlten über meine Freude. Als Kind ging mir damals das Herz richtig auf. Und an diesem Heiligen Abend ist meine Mutter mit mir in die Christmette gegangen, und hat mich kleinen Stöpps vor sich hingestellt auf die Bank und mich festgehalten. Es war ein Schauen und Staunen. Der Weihrauch, das Licht, der Gesang – es hat mich überwältigt. Das ist meine Urerfahrung: Glaube ist schön. Glaube entfaltet die besten Möglichkeiten des Menschen, er macht glücklich und froh. Das Äußere gehört dazu. Glauben ist aber für mich keine äußere oder theoretische Angelegenheit: Glück hat auch mit Heimat, mit Zugehörigkeit und innerer Resonanz zu tun. Und das habe ich von Anfang an mit Kirche verbunden. Heimat und Kirche waren eins. Dieser Glaube war eingebettet ins Leben. Als Ministranten waren wir mittendrin in diesem Leben. Bei allen Hochzeiten und Beerdigungen waren wir dabei, sommers wie winters. Wenn wir in der Kirche geschwätzt haben, dann hat der Messner, der hinter uns saß, uns Kopfnüsse ausgeteilt. Im Winter haben wir gefroren, dass es uns geschüttelt hat. Aus Ehrfurcht durften wir keine Handschuhe anziehen und so haben wir eben geschlottert. Mir ist oft die Hand ans Rauchfass angefroren, so kalt war es. Das Opfer hat man gern gebracht für den Toten, den man da unten in der Grube liegen sah. Einmal, als ein Jäger gestorben war, hat einer der Totenredner gesagt: „Da flackscht du jetzt, Hans, und gehst ein in die ewigen Jagdgründe." Und wenn einer von den Veteranen des Ersten Weltkriegs gestorben war, dann ist natürlich die Blasmusik dagestanden und hat gespielt: „Ich hatt' einen Kameraden", und alle haben geheult, dass es eine wahre Freude war. Ich erinnere mich auch an eine Weißnäherin, die damals „auf Stöhr", wie man sagte, von Familie zu Familie ging und die Bettbezüge, die Vorhänge und die Tischdecken nähte, die weißen Sachen also. Die ging auf jede Beerdigung. Dann stand sie da, voller Lustangst mit geballten Händen und angezogenen Armen, und wenn dann bei den Veteranen mit der Kanone dreimal Salut geschossen wurde, ließ sie jedes Mal einen lauten Schrei los. Kurz: Nichts Menschliches war diesem Glauben fremd. Er war Schönheit, Sicherheit, Heimat und Geborgenheit. Ein Raum des Vertrauens und ein Einfallstor des Göttlichen in diese Welt. Eine Glückserfahrung.

Nähe zu den Menschen

Natürlich hat sich die Sozialstruktur unserer Gesellschaft und auch die Lebenswelt der Menschen seither geändert. Materialismus und Säkularisierung machen auch nicht vor ländlichen Regionen halt. Man braucht keine Umfragen, um zu erkennen, dass die Volkskirche nicht mehr existiert. Es geht aber auch heute darum, Kirche als Ort erfahrbar werden zu lassen, in dem Menschen die befreiende und frohe Botschaft des Glaubens erfahren. Kirche ist kein Verein, der nichts bringt, für den man aber bezahlen muss. Und auch keine Verbotsanstalt. Sie ist Gemeinschaft und der Ort, wo ein suchender Mensch Hilfe erfahren kann.

Der Heimatpfarrer meiner Kindheit war sicher keiner, dem man den Vorwurf des Klerikalismus hätte machen können. In meiner Gemeinde gab es nur einen Gottesdienst, um neun Uhr. Danach ist der Pfarrer zum Frühschoppen gegangen. Er war bei den Leuten und wusste, was los war und wo sie der Schuh drückte. Später hat man dann die Frühmesse eingeführt, damit die Frauen mit dem Mittagessen fertig wurden, für die Spätaufsteher war die Elf-Uhr-Messe da. Dann die Abendmesse am Sonntag, und schließlich noch die Vorabendmesse am Samstag. Wir haben heute fünf Gottesdienste und insgesamt weniger Menschen in der Kirche. Heute reden wir von Gemeindemesse. Damals hatten wir sie – ohne eine besondere Gemeindetheologie. Die Menschen gingen zwei Stunden zu Fuß in die Kirche. Auch heute muss es darum gehen, die Menschen in ihrer Lebenswirklichkeit zu erreichen. Ein Pfarrer muss ein Herz haben und hören, was die Leute bewegt und in dem, was er sagt und tut, ein Zeuge der frohen Botschaft sein.

Wo drückt die Menschen heute der Schuh? In München sind bald die Hälfte aller Haushalte Single-Haushalte. In Berlin sind etwa 53 Prozent aller Haushalte Ein-Personen-Haushalte, und die Zahl in Deutschland wächst weiter. Stadtkultur macht die Menschen also nicht nur frei, sondern auch zu kinderlosen Singles. Die

Scheidungsstatistik liegt 2010 bei 40 Prozent. Auch wer geschieden ist, braucht in der Kirche einen Platz. Und wer geschieden ist und wieder heiratet, darf der in der Kirche nur bis zum Weihwasserbecken oder bis zum Taufstein im hinteren Teil der Kirche, weiter nicht? Kann Verdammung die Lösung sein? Wenn die Ehe eines 28-Jährigen zerbricht, soll der wirklich sein restliches Leben als Zölibatär durchs Leben gehen? Wo wir doch sagen: Der Zölibat ist eine besondere Gnade? Glaube hat darauf eine Antwort, die den Menschen in ihrer Not hilft. In der Patchworksituation der Familien sehe ich eine große Not. Die Idealsituation ist für mich immer noch – das mag konservativ klingen – die Großfamilie. Da sind die Kinder aufgehoben. Sie haben Geschwister und lernen soziales Verhalten. Da ist auch die Oma aufgehoben und nicht auf Gedeih und Verderb auf die Pflegeversicherung angewiesen. Wir meinen, das Leben sei machbar und sind doch eine Prothesengesellschaft geworden. Weil vieles nicht mehr funktioniert, brauchen wir Ersatz. Wir sind nicht mehr bereit, das Leben so anzunehmen, wie es ist. Die Kirche sollte in dieser Situation durchaus das Ideal hochhalten und die Fragwürdigkeiten und Lügen aufdecken, wo und bei wem sie auch auftreten. Aber man sollte nicht immer das Lustprinzip und die Sexualität dahinter wittern. Meist spielen viel tiefere menschliche Probleme eine Rolle, Bindungsunfähigkeit zum Beispiel.

Ein besonders frommer unter den konservativen Bischöfen (er ist schon einige Jahre tot) hat einmal die Meinung vertreten: „Man muss den Menschen den Glauben nur sagen. Immer wieder. Mit der Zeit glauben sie es dann schon." „Wenn das nur keine Täuschung ist", habe ich mir damals gedacht. Steter Tropfen in diesem Sinn höhlt den Glauben nur aus und petrifiziert höchs-

127

tens das Desinteresse. Gott ist nicht Mensch geworden, um uns einen Katechismus beizubringen. Er ist gekommen, um uns die frohe Botschaft für unser Leben zu bringen, zu unserem Heil. Wir brauchen eine Sprache der Verkündigung, die Glauben nicht als Fürwahrhalten bestimmter Sätze, sondern als existentielle, befreiende Antwort auf die Grundfragen unseres Lebens erhellt. Glauben ist nicht mit Katechismuswissen zu verwechseln. Der Katechismus gibt Antworten auf Fragen, die sich aus dem christlichen Glauben ergeben. Er ist so etwas wie eine Selbstvergewisserung und Orientierung im Glauben. Wir wollen ja nicht irgendwelchen Fabeleien nachlaufen. Der Glaube bewährt sich vor der Vernunft, die selbst ein Geschenk Gottes ist. Doch Glaube ist mehr. Im 1. Johannesbrief heißt es, dass wir durch das liebende Tun zu Gott kommen: „Wer liebt, erkennt Gott." Wer handelt wie Gott, wird Gott verstehen und erkennen, dem wird die Gnade des Glaubens zuteil.

Strukturen erzeugen kein Leben

Wo wird ein solcher Glaube heute gelebt? Als ich beim Ökumenischen Kirchentag 2010 in München auf einem Podium zum Thema „Ökumene und Reformprozesse in der Kirche" stand, trat zuerst eine ranghohe evangelische Vertreterin der Rheinischen Kirche auf. Sie schilderte die Strukturen: Wie oft man sich trifft, auf welcher Ebene, wer mit wem und was besprochen wird. Ich habe meine Achtung vor all diesen Bemühungen. Klarheit ist wichtig, und dazu braucht es geordnete Prozesse und transparente Strukturen. Doch entsteht dadurch schon die Ökumene, das Zusammenleben und Zusammenwirken der verschiedenen Glaubensrichtungen des

Christentums? Auf dem Kirchentag waren glücklicher-
weise auch die Freikirchen und die Orthodoxen
Deutschlands vertreten. Es finden auch sonst auf dieser
Welt zahlreiche ökumenische Begegnungen und Diskus-
sionen statt. Aber wie kommt ein gemeinsames Beken-
nen und Handeln zustande? Ökumene ist konkrete Beziehung zwischen konkreten Menschen. Strukturen
oder gar Strukturveränderungen haben noch nie Leben
erzeugt. Strukturen sind wichtig, damit das Leben ein
Gerüst hat. Aber Leben ist mehr. Ich denke, dieser
Blickwinkel wird noch wichtiger, wenn wir in die Welt-
ökumene schauen. Im südlichen Afrika gibt es Tausende von Freikirchen. Wie soll hier Ökumene aussehen?
Da stehen sicher nicht die akademisch-theologischen
Gespräche im Vordergrund, sondern das gemeinsame
Wirken, die Bemühung um Versöhnung an der Basis.

Eine lebendige Kirche ist möglich. Man braucht nicht
nach Afrika zu gehen, um zu sehen, wie Glaube die Kirchen füllt. Auch in Norditalien sind die Kirchen voll mit
jungen Leuten. Italiener sind tiefreligiöse Menschen. Wir
Deutschen sind durch die Aufklärung so geprägt, dass
wir uns erst einmal genieren, bevor wir das Wort „Gott"
aussprechen. Wir haben Angst, von unseren religiösen
Erfahrungen zu reden, weil wir denken, wir müssten in
Kategorien des Katechismus reden und uns dafür ver-
antworten. Wir schweigen lieber und wagen nicht, in
der Öffentlichkeit einen religiösen Ausdruck zu verwen-
den. Da bewundere ich auch immer wieder die Unbefangenheit der Christen charismatischer Bewegungen. Diese
Angst, etwas Verkehrtes zu sagen oder zu tun, lässt uns
nicht froh werden im Glauben. Ich freue mich daher immer über Unbefangenheit in italienischen Kirchen, wo
man spürt: Die fühlen sich wohl bei Gott. Etwas davon
hat Jesus sicher auch gemeint mit seinem Hinweis:

„Wenn ihr nicht werdet wie die Kinder, werdet ihr nicht in das Himmelreich eingehen." (Mt 18,3)

Salz der Erde – Licht der Welt

Die Perspektive der Frohbotschaft ist nicht auf die eigene Institution, sondern auf die Welt bezogen. Das beste Beispiel ist für mich die Gemeinde von St. Egidio in Rom. Die Mitglieder dieser Gemeinde kamen aus der 68er Bewegung und studierten in den frühen 70er Jahren. Auseinandersetzung mit der Bibel, Gebet, Eucharistie und die Freundschaft mit den Armen, der interreligiöse Dialog und der Einsatz für Frieden und Menschenrechte gehören für sie zusammen. Weltweite Aktivitäten auf politischer Ebene, in der Bekämpfung von AIDS in Afrika, aber auch der Einsatz für Alte und psychisch Kranke in der unmittelbaren Nachbarschaft, Drogenbekämpfung und Engagement gegen die Todesstrafe – das zeigt die Bandbreite ihrer Aktivitäten. Das ist auch die Bandbreite, in der Glaube sich einbringen sollte und bewähren muss. Ich habe die Entstehung der Gemeinde begleitet und vor allem bewundert, dass sie nicht nur Protestler sein, sondern das Evangelium leben, es in die Gesellschaft hinein umsetzen wollten.

Die ersten haben damals angefangen, in S. Anselmo Theologie zu studieren, weil hier eine lebensnahe Theologie gelehrt wurde. Ich war damals Professor für Philosophie. Bei uns herrschte Präsenzpflicht, es kamen von ihnen aber immer nur zwei, die mitschrieben. Ich musste mit Engelszungen auf meine Kollegen einreden: Die arbeiten das doch zuhause gemeinsam durch, die tun doch auch noch anderes als in Vorlesungen herumzusitzen etc. Das waren engagierte Leute um die 20 oder älter, die alle möglichen Fächer studierten, aber Theologie als Ergänzung machen wollten, um ihr christlich motiviertes Engagement auf eine solide Basis zu stellen. Wir Professoren haben diese jungen Menschen aktiv unterstützt, als sie Erholungsprogramme für Bedürftige starteten. Heute sitzen die Studenten von damals in verantwortlichen Stellungen, überall in Italien und weltweit. Sie haben das Evangelium als „Salz der Erde" (Mt 5,13) verstanden und mit der Wirklichkeit dieser Welt in Verbindung gebracht. Sie haben den Satz ernst genommen: „Macht die Erde neu!" Ein solches Verständnis will nicht nur das eigene spirituelle Wohlbefinden, sondern auch das Glück der anderen. Glaube hat eine soziale Absicht: Er will Gerechtigkeit und Frieden – und von der Vision des Reiches Gottes her das Antlitz der Erde neu gestalten: In eine Sozialküche der Egidiogemeinde kommen jeden Tag 300 Leute, um ein Mittagessen zu bekommen. Die Gemeindemitglieder haben Sprachschulen für die Immigranten eingerichtet und sich um psychisch Kranke gekümmert. Damals gab es nach italienischem Gesetz plötzlich keine psychisch Kranken mehr. Und als die psychiatrischen Kliniken geschlossen wurden, sind die früher als Geisteskranke internierten Patienten in der Öffentlichkeit herumgeirrt. Die Familien waren überfordert oder verzweifelt. Die Gemeindemitglieder von St. Egidio haben eine Bestandsaufnahme gemacht und festgestellt, wie viele arme und alte Menschen es in Rom gab, die zu überhaupt niemand mehr einen Bezug hatten und im Dreck verkamen. Und dann *taten* sie etwas.

Solcher Dienst muss sich von der Not und den Sorgen der Menschen her bestimmen. Die Seelsorger müssen auf die Sorgen und Nöte, auf die wirkliche Befindlichkeit der Menschen hören und vom Glauben her auf sie eingehen, eine Antwort suchen, Trost oder Stärkung geben. Darum geht es. Nicht um Belehrung.

Scheitern als Chance des Glaubens

Leben ist nicht nur Jubel, Trubel, Heiterkeit. Perfektion ist in diesem Leben nicht möglich. Krankheit durchkreuzt Lebenspläne. Beim Examen kann man durchfallen, den Führerschein nicht bestehen. Eine Ehe kann in die Brüche gehen. Bei manchen klappt die Karriere nicht. Man sagt zwar, es sei das Gute bei Mönchen, dass sie keine Karriere vor Augen haben, der sie nachjagen müssen. Aber Goethe sagt boshaft und nicht ganz zu unrecht: „Wär das Mönchlein noch so klein, will er doch gern ein Äbtlein sein."

Es gibt Scheitern durch die eigene Sündhaftigkeit, auch und gerade bei Frommen. Scheitern und Sünde gehören auch zur Kirche. Da ist Demut angesagt. Demut heißt: Sich selber vergeben zu lassen und auch bittere Wahrheiten offen anzuschauen. Bei den Missbrauchsfällen erfuhr die Kirche das in aller Härte. War sie bislang in der Rolle der Vergeberin, muss sie sich jetzt selbst vergeben lassen. Die Kirche: „simul sanctus et peccatrix" – das war eine Floskel geworden. Was es bedeutet, dass – wie der Papst in Fatima gesagt hat – das Scheitern durch die Sünde in der Kirche ins Desaster geführt hat, das wird erst jetzt offenkundig. Aber gerade das kann, je nachdem, wie wir damit umgehen, zur Chance für den Glauben an einen barmherzigen und liebenden Gott werden.

Martin Buber hat gesagt: „Erfolg ist keiner der Namen Gottes". Und im Scheitern kann auch Gnade liegen: die Gnade, Gott und die Menschen um Vergebung zu bitten.

Das ist schwer – und macht doch unglaublich menschlich und frei.

Im Übrigen ist auch Jesus – zumindest äußerlich – ein Gescheiterter. Das steht im ersten Kapitel des Johannesevangeliums. „Er kam in sein Eigentum und die Seinigen nahmen ihn nicht auf." Ich bin überzeugt: Er hatte gehofft, dass die Menschen sich bekehren. Wir tun uns immer wieder schwer, Jesus auch als Mensch zu sehen.

Als ich einmal bei einer Kranken war und auf Jesus verweisen wollte, zeigte sie aufs Kreuz und sagte: „Was wollen Sie denn? Der hat doch gewusst, dass in drei Tagen wieder alles vorbei ist." Da ist in der Katechese wohl einiges schief gelaufen. Jesus hat nur eines gehabt am Ende: „Vater, in deine Hände lege ich meinen Geist." (Lk 23,46) Das Vertrauen, dass Gott ihn nicht bei den Toten lassen würde, war kein Wissen, schon gar nicht ein Vorherwissen. Es war ein Glauben, ein Vertrauen. Da komme man auch nicht mit der Theorie: „Er war doch Gott und hat alles vorausgewusst." Dieser Gott ist Mensch geworden, das ist das Entscheidende. Und auch an seinem Leiden sehen wir, was das heißt: Mensch werden.

Zum Glauben gehört Freiheit

Christliche Freiheit ist gut und ist wichtig, nach innen und nach außen. Es hat sie immer gegeben. Die heilige Katharina von Siena zum Beispiel wird gerne, auch von Bischöfen, als Vorbild für christlichen Freimut gefeiert, die gegen das kirchliche Establishment aufgetreten ist und auch den Hierarchen ihre Meinung gesagt hat. Gerne fügen ihre Laudatoren dann dazu, dass sie aber vorher 20 Jahre gebetet und geschwiegen hat. Ich würde nicht so lange warten. Schon Paulus war für die Redefreiheit. Angst sollte nicht sein. In der Liebe ebenso wenig wie im Glauben.

Angst ist heute eine Grundbefindlichkeit des Menschen: Angst vor der Langeweile und Leere. Angst vor Verlust. Die Angst vor dem sozialen Abstieg und vor Armut. Die Angst vor dem Tod. Letztlich die Angst vor dem Nichts. Wenn es keinen Gott gibt, ist die Konfrontation mit dem Nichts unausweichlich. Wenn es keinen Gott gibt, dann ist nichts mehr da. Nur das Nichts.

Freiheit ist das Gegenteil von Angst. Das Urbild biblischen Glaubens ist eine Tugend, in der Mut, Risikobereitschaft, Vertrauen und Hoffnung zusammengehen: In Genesis 12-13 wird berichtet, wie Abraham sich aus familiären und sozialen Bindungen löst und mit seiner unfruchtbaren Frau in ein fremdes Land zieht, weil Gott ihn gerufen und Nachkommen verheißen hat. Vertrauen, Liebe und Hoffnung – damit ist auch der Grundimpetus des Christentums definiert.

Früher wurde die Angst oft dazu gebraucht, um die Leute in die Kirche zu bringen und sie zur Beichte zu bewegen. Was eine richtige Kapuzinerpredigt war, die hat den Frommen durchaus Angst eingejagt. Heute sollte man sich nicht darauf verlassen, dass die Menschen aus Angst vor dem Fegefeuer zur Beichte gehen. Reife Christen wissen sehr wohl um ihre Unzulänglichkeiten und ihre Sünden. Eine Kapuzinerpredigt gehört heute ins Archiv.

Aberglauben und Angst gehören übrigens auch zusammen. Wenn Hufeisen oder die Hasenpfote ins Spiel kommen, dann spricht man von der Kraft der Magie. Man will das Böse abhalten und versucht es zu bannen. Menschen verlassen sich aber oft auch nicht auf Gott, sie manipulieren sogar ihn – und sei es mit Gebeten und Teufelsaustreibungen.

Ich halte Teufelsaustreibungen für problematisch. Ein sehr gut katholischer Psychologe hat mir glaubhaft versichert, dass er jede sog. Teufelsbesessenheit psychisch erklären kann. Über das Böse Macht gewinnen zu wollen, das kann eine magische Versuchung zur Bannung von Ängsten sein. Natürlich kommen bei einer kranken Frau, der man einredet, sie sei vom Teufel besessen, Machtgefühle hoch: Ich bin der Teufel, der sitzt in mir. Und bei den anderen kommt das Machtgefühl auf: Wir sind die Herren über das Böse. *Da* sitzt in Wahrheit der Teufel.

Seelische Angst ist Zeichen der Unfreiheit. Vertrauen ist der Kern der christlichen Botschaft: das Vertrauen, dass wir der Angst nicht ausgeliefert sind, dass wir frei sind, immer wieder neu anzufangen, dass wir nie definitiv durch die Schuld gescheitert sind, und dass unser Leben immer wieder neu und ganz werden kann.

Wahrheit macht frei. Und da liegt für mich auch der Wert und die Kraft des religiösen Glaubens: zur Wahrheit zu befreien, die Angst zu nehmen und Vertrauen zu stiften. Alle Religionen haben letztlich die Absicht, Sinn zu vermitteln und den größere Horizont eines sinnerfüllten Lebens zu ermöglichen. Das ist der Beitrag des Christentums: die Befreiung des Menschen zum Heil und die Vollendung des Glücks in der Herrlichkeit Gottes.

Natürlich kann ich mein Leben nach dem Motto „trau, schau wem" total absichern. Aber Enttäuschungen wird auch der größte Kontrollfreak erleben. Menschliches Leben gelingt nur, wenn wir anderen glauben, wenn wir uns auf andere verlassen. Ich allein kann nie im Leben alles bewältigen. Ein Chef muss seinen Mitarbeitern vertrauen. Und wenn man Monitore einrichtet, um die Arbeiter zu überwachen, werden sie demotiviert und arbeiten höchstens nach Vorschrift.

Vertrauen heißt aber nicht Naivität. Im Geschäftsleben werde ich mich absichern, um nicht hereingelegt zu werden. Wenn aber im zwischenmenschlichen Bereich, in der Partnerschaft etwa, das Vertrauen weg ist, wird eine Beziehung brutal. Im zwischenmenschlichen Bereich sind Glauben und Vertrauen absolut notwendig, auch im Geschäftsleben. Natürlich kann es Enttäuschungen geben. Wenn etwas danebengegangen ist, muss der andere um Verzeihung bitten und ich muss sie ihm auch schenken. Nur so kann Vertrauen wieder hergestellt werden.

Vertrauen auf Gott gründet auf diesem menschlichen Urbedürfnis des Vertrauens, es geht aber auch darüber hinaus. Im christlichen Glauben ist es das Vertrauen auf Jesus Christus, in dem Gott greifbar geworden ist. Ich sehe in der Heiligen Schrift, wer Jesus war, wie faszinierend er war – und ich vertraue auf ihn. Dabei bin ich in diesem Vertrauen nicht allein. Keiner glaubt für sich allein. Ich bin eingebettet in eine Glaubensgemeinschaft. Wir als Individualisten sind auf die Erwartungshaltung eingestellt, dass Glaube Privatsache sei, die ich nur mit mir ausmache, statt dass wir den Glauben mit anderen teilen. Sicherheit des Glaubens kommt aber nicht mehr aus mir.

Ich lasse sie mir von außen schenken. „Ich glaube es, weil du es sagst", das ist der Grund des Vertrauens, auch in Glaubensdingen: Ich selber vertraue den Glaubenszeugen, die von Jesus und ihren Erfahrungen mit ihm berichtet haben.

Der Blick auf Jesus zeigt: Auch er ist ein Geretteter. Das Vertrauen auf Gott hat ihn gerettet. Sein Versprechen an uns: Wenn wir denselben Weg gehen, werden wir mit ihm gerettet werden. In seiner Nähe waren die Menschen glücklich. Und das gilt immer noch. Selbst heute kann er einem Leidenden noch Vertrauen geben, wenn der sein Leiden mit dem Leiden Christi vereint, indem er seine eigene Erfahrung im Licht der Geschichte Jesu und des Leidens Christi sieht. Er wird so aus der rein individualistischen Sphäre herausgehoben und erfährt: Ich bin nicht der einzige, dem es so geht. Und das ist für viele ein Trost und eine Erfahrung der Solidarität. Die beglückende Nähe Gottes ist für den, der glaubt, nicht nur im Glück, sondern auch im Unglück zu erfahren.

Es gibt eine Grundsicherheit christlichen Glaubens: Ich werde leben in Ewigkeit. Diese Sicherheit kommt von Gott. Aber auch dieser Glaube wird vermittelt über die Begegnung mit anderen Menschen, nicht mit hochwürdigen, sondern mit glaubwürdigen. Es geht nur über den konkreten Dialog: „Wie hältst *du* es mit dem Glauben? Wie machst *du* das?" Gerade bei jungen Menschen habe ich die Erfahrung gemacht: Auf einmal wandelt sich etwas in ihnen, es löst sich das Eis – weil sie erfahren, dass sie dadurch von sich selber loskommen und frei werden. Viele können deswegen nicht glauben, weil sie nicht über sich hinauskönnen. Nur indem man von sich selber loskommt, gelingt menschliche und seelische Reife. Glauben ist eine Erfahrung wie man sie in der Liebe macht. So steht es im 3. Johannesbrief: „Nur der kann glauben, der handelt wie Gott." Das ist nicht blasphemisch. Gemeint ist: Nur wer liebt wie Gott, kann empfinden, wer Gott ist. Das heißt Gotteserfahrung. Es geht also nicht um einen abstrakten Gottesbegriff. Es geht nicht um den Gott der Philosophen, sondern um den Gott Abrahams, den Gott Isaaks und den Gott Jakobs, wie der französische Philosoph Blaise Pascal 1654 im Erinnerungsblatt (Mémorial) seiner mystischen Erfahrung geschrieben hat. Gott ist kein Gegenüber, das man wahrnimmt oder nicht wahrnimmt wie einen anderen Gegenstand aus unserer menschlichen Wirklichkeit, nichts was man für wahr hält und auswendig lernen kann wie einen Satz aus der Mathematik.

Glauben kann nur, wer liebt. Vorbild dieser Gottesliebe ist Jesus: „Ich habe euch ein Beispiel gegeben, damit auch ihr tut, wie ich getan habe", sagt er bei der Fußwaschung (Joh 13,15). Das In-der-Liebe-Sein ist In-Gott-Sein. Auch hier gibt es kein Vor- Hinter- oder Nacheinander. „Die Liebe ist aus Gott und jeder, der liebt, stammt von Gott und erkennt Gott." Dieser Satz aus dem ersten Brief des Johannes (4,7) ist für mich der zentrale Satz, um zu beschreiben, worum es im Glauben letztlich geht und wie Glauben geht: Jeder der liebt, erkennt Gott.

Dieser Gott ist Lebensfülle, unbeschreibbare Fülle. Er ist ein Gott des Lebens und der Gemeinschaft. Er thront nicht als unbewegter Erstbeweger über allen Dingen. Er teilt seine Fülle, sein Leben anderen Wesen – uns selbst mit. „Was ist doch der Mensch, dass du seiner gedenkst", singt der Psalmist in Psalm 8. Der Mensch wird in die Lebensfülle Gottes hineingenommen. Er bekommt Anteil an diesem Leben, an diesem Licht.

Der Glaube hat kein konkretes Glück im Blick und meint nicht die Anhäufung schöner Momente. Er ist überzeugt: Ich werde glücklich sein, wenn ich einmal ganz bei Gott bin. Nur in der Einheit mit Gott ist ungetrübtes Glück und vollkommener Frieden. Thomas von Aquin sagt, übrigens ganz in diesem Sinn: „Der Glaube ist nicht das Glück. Im Gegenteil, durch den Glauben wird das Verlangen nach Glück gesteigert." So geht Glaube in die Hoffnung über: Ich hoffe darauf, dass dieses Glück in Gott möglich ist, als Leben in Fülle, als ewiges Leben: jener Zustand, in dem es keine Träne und keine Trauer und kein Wehklagen mehr gibt und keinen Schmerz.

Das ist freilich nicht nur jenseitig und eschatologisch gemeint, sondern immer auch so, dass es im Jetzt, in der Gegenwart, erfahrbar ist, allerdings noch nicht ungebrochen. Das Paradies auf Erden gibt es nicht. Und gegenüber jedem, der es verheißt, muss man misstrauisch sein. Aber die Ewigkeit ist präsent, mitten im Leben, unter uns. Es ist, wie wenn das Licht durch einen Türspalt fällt. Dieses Licht kann den Raum erhellen, in dem ich lebe.

Solcher Glaube ermöglicht auch ein intensives positives Verhältnis zur Kirche, bei allen Schwächen, die sie haben mag. „Glücklich das Volk, das dir gehört", heißt es beim Psalmisten. Eine Gemeinschaft, die Gott gehört, darf sich glücklich preisen. Bei aller Not darf man sich also glücklich preisen, dass man zu diesem Volk gehört: „Gott, du musst es aushalten, da halte ich es auch aus."

8 Von der Liebe

Liebe – ein viel zu großes Wort, eine Leerformel. Für meine Bedürfnisse reicht die Liebe zu meiner Partnerin. Darüber hinaus zahlt sich Lieben nicht aus. Sie zählt auch nicht in der heutigen Welt. Die ist von Gleichgültigkeit bestimmt. Cool bleiben ist besser.

Wer nicht liebt, kann nie die Fülle des Lebens erfahren. Liebe als Bedürfnisbefriedigung endet in gegenseitiger Ausbeutung. Und Coolness ist keine Alternative. Denn in der emotionalen Kälte blüht nichts, keine Freiheit, da gelingt nichts wirklich Menschliches. Gleichgültigkeit ist der Tod jeder Liebe, Coolness der Anfang vom Ende der Menschlichkeit und das Gegenteil von Glück, das am Ende – und schon jetzt – wirklich zählt.

Es ist schon viele Jahre her. Es war in meiner Zeit als Diakon, und ich war mit meiner Jugendgruppe unterwegs in Achenkirch. Ich wollte mit den Jugendlichen eine Bergtour machen. Sie wehrten sich: „Keinen Bock, zu schwierig. Zu hoch. Wir bleiben unten!" Da bin ich kräftig geworden: „Wir gehen hinauf!" Ich habe nicht nachgegeben, obwohl ich an diesem Tag selbst hohes Fieber hatte. Nur mit meiner Autorität habe ich mich durchgesetzt. Der Blick vom Gipfel war dann wunderbar, und die eben noch so lethargischen Jugendlichen sind mir um den Hals gefallen. Sie haben nicht aufgehört zu schwärmen und mir zu sagen, wie schön es sei. Diese Gipfelerfahrung wäre nicht möglich gewesen ohne Überwindung der eigenen Bequemlichkeit.

Was das mit Liebe zu tun hat? Liebe ist viel mehr als ein schönes Gefühl. Sie ist auch Risiko, Abenteuer, Anstrengung. Es gibt auch in der Psychologie den Ausdruck „Gipfelerfahrung" (oder peak experience), der das Erlebnis tiefempfundener Freude und Ekstase beschreibt, einer Empfindung, bei der sich der Horizont weitet und das Ego überwunden wird. Liebe bedeutet, dass ich mich auf einen anderen einlasse. Nur wenn ich mich auf die Liebe einlasse, eröffnet sie Perspektiven. Nur dann bereichert sie mich. Dann erfahre ich allerdings Dinge, von denen ich vorher nichts geahnt habe. Das Abenteuer und das Risiko der Liebe ist Hingabe, Sich-Schenken, Öffnung zum anderen. Das gilt für die Freundesliebe genauso wie für die erotische oder sexuelle Liebe. Aber zunächst einmal ist Liebe ein Sich-Vergessen, ein Übersteigen der Selbstliebe narzisstischer Art. Liebe lässt uns nicht nur intensiver spüren, wer wir sind, sondern sie übersteigt zugleich uns selber und zeigt auch, wer wir sein könnten. Sie berührt uns im innersten Herzen und verweist gleichzeitig auf etwas, das größer ist als unser Herz – und was gerade in der Beziehung zu einem anderen deutlich wird.

In der Liebe zu einem anderen Menschen, zu einer Frau, einem Mann, einem Kind, aber auch zu einem Wert, zu Gott, in der Hingabe zu einer Arbeit oder zur Kunst, lasse ich mich selber los. Ich neige mich auf etwas zu, das außerhalb meines Ich ist. Und diese Hingabe weckt gleichzeitig die besten Möglichkeiten in mir selber und bereichert mich.

Wir unterscheiden zwischen Liebe im Sinn einer starken emotionalen Beziehung zu einem ganz konkreten Gegenüber, einer Ausrichtung auf einen Menschen hin, und dem Zustand des „In-der-Liebe-seins": Das ist etwas anderes als ein erotisch getönter Flirt. Wenn jemand einen Menschen wirklich liebt, denkt er an nichts anderes mehr als an diese eine Person. Er *ist* in der Liebe. Liebe ist dann wie eine Quelle, aus der er lebt. Auch Liebe zur Erkenntnis gibt es, den Studien-Eros. Man denkt nur an das Studium, verbringt Tag und Nacht hinter Büchern, um ein Problem zu verstehen oder zu lösen oder um auf eine Frage eine Antwort zu finden. Worauf immer sich die Liebe richtet: Wer liebt, lässt alles andere liegen und stehen, um sein Ziel zu erreichen.

Entscheidend ist: Liebe bindet – und schenkt gerade dadurch Freiheit. Sie lässt sich auf etwas ein und macht so etwas möglich, was vorher nicht da war. Weil sie so zentral ist für Freiheit, ist Liebe auch die Grundlage aller anderen Tugenden und die Voraussetzung für ein gutes Leben.

Selbstbezogenheit und der Drang, das eigene Bedürfnis zu befriedigen, sind dem Wesen des Glücks entgegengesetzt. Auch wenn so etwas in einer narzisstischen Gesellschaft nur schwer zu vermitteln ist: Glück entsteht dadurch, dass ich mich verliere. Dass ich *mit* anderen bin. Glück ist eben nicht nur eine individuelle Angelegenheit. Natürlich kann ich glücklich sein, wenn ich auf meinem Zimmer bin und allein für mich Musik höre. Kürzlich habe ich etwa zur Aufhellung meiner Seele die Motette „Exultate, Jubilate" von Mozart gehört mit dem wunderbaren Halleluja, das der Sopran singt. Das war so beglückend, dass ich es gleich noch ein zweites Mal gehört habe. Aber in der Liebe – zu einem Partner oder einem Freund – kommt noch etwas dazu: die Kommunikation. Man will seine Erfahrung mit dem anderen teilen, ihn teilhaben lassen. In einem antiken Buch über die Freundschaft, dem „Laelius" von Cicero, steht: „Wenn einer in den Himmel hinaufstiege und die Natur der Welt und die Schönheit der Gestirne erschaute, so wäre doch der wundersame Anblick ohne Reiz für ihn; er wäre aber höchst erfreulich, wenn er nur einen hätte, dem er davon erzählen könnte." Ein Freund oder jemand, der mich liebt, wird mir mein Glück nie neiden, im Gegenteil. Liebe teilt das Glück und steigert es dadurch.

Wer liebt, verliert sich. Man sagt ja: „Jemand verliert seinen Kopf", wenn er sich verliebt. Es geht darum, dass ein größerer Horizont geöffnet wird. Dazu gehört auch die Entdeckung des Sinnhorizontes. Ohne diese Öffnung ist kein Glück möglich. Ohne die Weitung des Sinnhorizontes hastet und hetzt der Mensch nur immer hinter neuen Erfahrungen her, die nur Ersatz sein können.

Wer liebt, verliert sich freilich nicht nur. Er findet sich auch. Die Verheißung Jesu ist gültig: „Wer sich sucht, wird sich verlieren, wer sich um meinetwillen verliert, wird sich finden." (Mt 10,39)

Natürlich kann man sagen – und viele tun dies auch: „Ich bleibe cool. Mir reicht die Liebe in meiner Partnerschaft."
Da kann ich nur antworten: „Arm bist du!"

Erotische Liebe ist *eine* Form dieser erfüllten Offenheit auf den anderen hin. Eine Hochform, sicher. Aber was in der erotischen Liebe passiert, ist in vielen Formen und Spielarten da, die unser Leben ausmachen und bereichern. Ganz vom anderen abzusehen wäre tödlich – für mich und den anderen. Jeder hat eine Verpflichtung für das Wohl der anderen: Wenn das Hochwasser die Deiche in Polen sprengt und ganze Städte bedroht sind oder wenn in Pakistan ganze Landstriche im Hochwasser versinken und Millionen Menschen obdachlos werden, kann keiner gleichgültig bleiben. Helfen also ist eine Form der Liebe, und wenn ich jemand in Not sehe, ist es ein zutiefst menschlicher Reflex, zu reagieren und ihm beizustehen.

Einmal habe ich ein Ehepaar bestärkt, zu einem Kind Ja zu sagen, von dem sie wussten, dass es mit dem sog. Downsyndrom auf die Welt kommen würde. Die Freunde hatten alle geraten: Treibt ab. Das haben sie nicht getan – und unglaublich viel Glück erfahren. Natürlich ist so etwas auch eine Belastung, um die kein Elternpaar zu beneiden ist. Die Liebe ging in ihrer Entscheidung sozusagen in Vorleistung – wurde aber auch durch einen unglaublichen Reichtum belohnt.

Liebe braucht keine großen Taten und keine Ausnahmesituationen: Wenn einer sich einsetzt für andere, kann sich das ereignen, was Liebe ausmacht. Das kann so normal sein wie ein Feuerwehreinsatz. Da sitzen die Männer nach dem Einsatz zusammen, trinken ein Bier und machen eine gescheite Brotzeit. Die Freude, die da spürbar ist, ist nur möglich, weil jeder mehr geleistet hat als nur das Alltägliche und eben nicht nur zu Hause vor dem Fernseher sitzt. Der gemeinsame Einsatz, bei dem man über sich und seine kleine eigene Welt hinauswächst, bereichert das Leben. *So* passiert Glück.

Was das mit Liebe zu tun hat? Es *ist* Liebe: Nächstenliebe konkret.

Ein weinendes Kind zu trösten, durch die Tränen hindurch lachende Augen zu sehen und wahrzunehmen, wie sie strahlen: Auch das ist Glück. Wer mit seiner Liebe nie über die emotional geprägte Partnerschaft hinausgeht, sie sogar bewusst darauf eingrenzt, wird nie erfahren, was das sein kann: Leben in Fülle. Wer den Partner oder die Partnerin nur zu seinem privaten Glück benutzt, wird letztlich auch in dieser Beziehung scheitern. Nur wenn ich mein Ego hinter mir lasse, erfahre ich Dinge, die ich ohne ein echtes Ja zum anderen nie erfahren würde.

Coolness ist jedenfalls nicht die Alternative zur Liebe. Schon wenn ich das Wort höre, fange ich an, zu frieren. In der emotionalen Kälte blüht nichts, es gelingt nichts Menschliches. Gleichgültigkeit ist der Tod: der Tod jeder Liebe und der Anfang vom Ende der Menschlichkeit.

Die deutsche Sprache kennt nur das Wort Liebe. Im Griechischen kennt man den „Eros", das begehrende Verlangen, das auch die Sexualität mit einschließt. Es gibt aber noch die „Philia", die Freundesliebe, und die fürsorgende Liebe: die „Agape". „Liebe machen", das Wort ist bei uns auf die Bedeutung von Sex herunterkommen. Die jungen Leute konsumieren Pornographie übers Internet. Es reicht, in Google das Stichwort „Sex" einzugeben, schon kommt die übelste Pornographie. Wenn Neunjährige ins Netz gehen, bekommen sie alles ungefiltert mit.

Aber die Sehnsucht nach Liebe ist nicht auszurotten. Kürzlich beschrieb in einem Spiegel-Sonderheft zum Thema Pubertät eine 17-jährige Schülerin ihre Vorstellung von Glück so: „Wenn ich ganz genau spüre, dass etwas Schönes, Neues in mir passiert. Wenn ich eine fantastische Idee habe oder wenn ich eine Person mit völlig neuen Augen sehe, weil ich mich verliebt habe." Die Liebesgeschichten hören nicht auf.

Die schönsten Liebesgeschichten passieren auch nicht in der Literatur, nicht im Kino, nicht auf der Bühne, sondern im wirklichen Leben. Wenn ich am Bahnhof oder am Flughafen sehe, wie zwei Menschen aufeinander warten und aufeinander zufliegen, nach dem Motto „Seid umschlungen, Millionen", dann sage ich mir: „Wunderbar! Macht es und freut euch. Es ist viel zu schön." Die jugendliche Liebe ist etwas Wunderbares. Auch wenn ich weiß: Sie wird vorbeigehen. Hinter dieser Feststellung steckt keine Melancholie. Das ist Realismus, den ich von den Italienern gelernt habe.

Italiener echauffieren sich nicht, wenn sich junge Leute in der Öffentlichkeit heftig umarmen und küssen. In Deutschland, zumindest war das früher so, da erregte man sich und war ungehalten: Das tut man doch nicht in der Öffentlichkeit! Die Italiener sehen die verschiedenen Phasen des Lebens und lassen jede für sich gelten. Als Jugendlicher darf man einfach dies und das. Man erwartet dann allerdings auch von einem jungen Mann, dass er Verantwortung zeigt. Und wenn dann in einem gewissen Alter vieles nicht mehr so geht – auch das nehmen sie mit Gelassenheit hin. Das ist der Lauf der Liebe und der Lauf des Lebens.

Liebe erlöst

„Die Liebe allein erlöst", sagte Benedikt XVI. im Pfingstgottesdienst 2010.

Das ist die Kurzformel für die zentrale Heilsbotschaft des Christentums.

Über sich hinausgehen: Das geschieht zwischen Liebespaaren – und noch stärker in der Liebe von Menschen zu Gott. Eigentlich ist es das, was Benedikt XVI. eigentlich meint, wenn er bei seinen Priestern den Zölibat aus Liebe möchte. Das setzt natürlich eine reife Persönlichkeit voraus.

Wenn Nietzsches Satz über das Christentum heute noch stimmt: „Sie müssten erlöster aussehen, die Christen", kann man dann schlussfolgern: Es hapert mit der Liebe in der Kirche als Institution?

Natürlich gibt es auch bei Gruppen solche sichtbaren Zeichen von Liebe. Aber man sollte auch keine falschen Erwartungen haben. Kann Liebe eine Institution prägen? Ich glaube eher nicht. Liebe kann die Beziehung zwischen konkreten Menschen bestimmen. Aber wenn man Institutionen – mit einer soziologischen Definition – als Regelsysteme bestimmter Ordnungen mit komplexen Organisationsformen sieht, dann ist das schon etwas anderes. Ich bringe mir von überall her Steine mit. Keine Edelsteine, sondern handfeste Steine, die mich an Klöster erinnern. Liebe und Institution haben miteinander so viel zu tun wie eine Bergblume mit einem Stein, den ich in meinem Zimmer habe.

Aber wenn Liebe als letzter, entscheidender Wert deklariert wird, dann ist der Kontrast zur erlebten Wirklichkeit natürlich noch stärker.

Liebe erlöst, da hat Papst Benedikt recht. Das stimmt nicht nur in dem Sinn hoher theologischer Aussagen, denen zufolge Gottes Liebe den Menschen befreit. Liebe reicht in den ganz normalen, konkreten Alltag. Wenn jemand Angst hat und einem anderen begegnet , der ihm Zuwendung schenkt, dann verliert er die Angst, bekommt Zutrauen und Lebensmut. In der Liebe ist keine Angst. Institutionen können sehr wohl von Angst geprägt sein.

Das Christentum ist wirklich eine verrückte Religion, weil sie die Liebe ins Zentrum rückt. Man wünschte sich, dass die Menschen, die in der Institution Kirche leben und sich von der Botschaft der menschgewordenen Liebe inspirieren lassen, oft auch stärker von dieser Verrücktheit, dieser riskanten, intensiven Art der Lebenszustimmung, der Bejahung des anderen geprägt wären. Auch der Zölibat ist übrigens etwas Verrücktes. Deshalb stört er auch viele so. Merkwürdig, dass sich all die aufregen, die ihn nicht halten müssen, die nichts mit Kirche am Hut haben. Ein solches Leben in einer Zeit zu leben, in der Sex alles ist – das ist das stärkste Zeichen. Liebe ist ja nicht das Ausleben von Trieben. Liebe ist kreativ. Wenn eine Gesellschaft sich nur dem Trieb überließe, wäre das bloß zerstörerisch. Der Neutestamentler Otto Kuss brachte es in einem Eintrag in das Gästebuch des Ottilienkollegs folgendermaßen auf den Punkt: „Wer liebt, ist verrückt; und wer nicht ein bisschen verrückt ist, kann nicht lieben."

Liebe lässt sich nicht aufspalten

Lässt sich Liebe auseinanderdividieren in spirituelle, körperliche und soziale Bezüge? Oder in Selbstliebe, Nächstenliebe und Gottesliebe? Ich bin skeptisch gegenüber solchen Aufteilungen. Auch die Vorstellung einer womöglich noch triadisch aufgebauten Liebe: zu sich selbst, zum Nächsten und zu Gott, ist künstlich. Typisch deutsch, auch in der Liebe zu trennen: Zuerst kommt die Selbstliebe. Dann die Liebe zum andern. Und schließlich als Krönung die Gottesliebe? Ich bin schon vorsichtig mit dem Begriff der Selbstliebe – wenn etwas anderes damit gemeint ist als Rücksichtnahme auf die eigenen Kräfte und Fähigkeiten. Dahinter sehe ich die Gefahr der Selbstbezogenheit und des Narzissmus. Es ist möglich, ganz bei sich und ganz beim anderen zu sein. Indem ich beim anderen bin, bin ich auch bei mir. So wenig wie ich die Liebe zu einem Menschen von der Liebe zu Gott trennen kann, genauso wenig kann ich das Selbst von beiden Vollzügen ablösen. Der jüdische Philosoph Martin Buber hat das immer wieder betont: Der Mensch kann sich nur in der Ich-Du-Beziehung entfalten. Erst durch ein Du wird das Ich zum vollen Ich.

Das hocherotische „Hohe Lied der Liebe" der Bibel, wörtlich übersetzt: „Das Lied der Lieder", zeichnet das Urbild der Beziehung Gottes zu seinem Volk und zur Menschheit überhaupt. Gott ist verknallt in seine Geschöpfe, den Menschen, auch wenn der noch so viele Fehler macht. Das finde ich einen wunderbaren Gedanken: Gott steigt dem Menschen nach, so wie ein Verliebter seiner Freundin nachsteigt. Die erotische Liebe ist konkretes Zeichen der Liebe Gottes zu den Menschen. Gott hat einen Narren gefressen am Menschen. Das ist etwas ganz anderes als der unbewegte Beweger, als den die Griechen Gott sahen. Aber auch wir steigen Gott nach: Die Sehnsucht nach Gott in unserem Herzen treibt uns um. Liebe ist letztlich ein unendliches Verlangen.

Der andere kann das Fenster zu Gott sein, und daher sind auch Nächstenliebe und Liebe zu Gott nicht abstrakt voneinander zu trennen: Menschen, die sich wirklich für andere hingeben, geben sich auch Gott hin. Und ich kann nicht Gott lieben ohne das zu lieben, was ihm am Herzen liegt: seine Schöpfung. „Was ihr dem geringsten meiner Brüder getan habt, habt ihr mir getan." (Mt 25,40) Eine Krankenschwester, die einen Menschen pflegt oder die einem Sterbenden beisteht, fängt doch nicht an zu überlegen: „Jetzt liebe ich in diesem Menschen Gott!" Die sieht die Not der Menschen und packt an. Der Prozess einer solchen inneren Beziehung ist nicht begrifflich einzufangen. Indem ich dem Dürstenden einen Becher Wasser reiche, indem ich dem Hungernden Brot gebe, reiche ich das Wasser und das Brot dem in ihm anwesenden Christus. Es hat die mystische Qualität der einen untrennbaren Liebe.

Liebe und Moral

Liebe – unter Freunden, aber auch in einer Partnerschaft – heißt nicht, sich ständig Honig um den Mund zu streichen und sich nur zu schmeicheln. Liebe ist keine Eierkuchen-Harmonie. Sie kann sich mit der Wahrheit vertragen. Sie kann Zorn provozieren. Und sie verträgt Aufrichtigkeit im Umgang miteinander. Sie kann auch Härte bedeuten. Man muss dem andern möglicherweise die Augen öffnen und ihm klarmachen: Du bist auf dem Holzweg. Bestes Beispiel: die Erziehung. Wenn ein Kind lernen soll, sich zu beherrschen, dann muss es von den Eltern auch lernen, wo die Grenzen sind. Und sie ihm nachdrücklich deutlich zu machen, das kann Ausdruck von Liebe sein.

In der Moralverkündigung finden wir scheinbar Widersprüchliches. Da gibt es das hohe Pathos der Liebe auf der einen Seite und eine Verteufelung von Sexualität und Lust auf der anderen. Dahinter steckt auch eine weise Einsicht in die menschliche Natur: dass die Leidenschaft so groß und heftig sein kann, dass der Verstand total aussetzt. Es gibt die erotische und sexuelle Leidenschaft, bei der wir – im Bild gesprochen – den Kopf verlieren und wo wir aus der Balance geworfen sind.

Liebe kann etwas Anarchisches, Ungebändigtes haben. Es ist nicht ungewöhnlich, dass einem Mann, der in einer festen Beziehung lebt, eine Frau begegnet, die ihn so fasziniert, dass diese bestehende Beziehung in Gefahr gerät (und umgekehrt). Es ist ja auch nicht ungewöhnlich, dass ein Mensch durch die innerweltlichen Güter wie Reichtum, Macht, Bewunderung so hingerissen wird, dass er sich selber wirklich verliert, dass er alles darüber vergisst, auch Gott, und auch gegen ihn handelt. Natürlich kann es passieren, dass ich auf der emotionalen Ebene von verschiedenen Menschen angesprochen werde. Wenn die Gefühle aber der Maßstab allen Handelns sind, dann verschwindet auch die Rücksicht auf bestehende Bindungen, die ich respektieren muss. Beides ist richtig: Liebe beschränkt sich nicht isolationistisch auf eine Person. Und Liebe ist, wenn es sich um sexuelle Liebe handelt, auch eine exklusive Bindung an einen Partner, eine Partnerin. Der Mensch ist so angelegt, dass er partnerschaftliche Zuneigung nicht auf mehrere verteilen kann. Natürlich kommt es immer wieder vor, dass Menschen im sexuellen Bereich mehrere Beziehungen haben. Aber man kann nicht von Liebe sprechen, wenn eine sexuelle Beziehungsvielfalt den Partner oder die Partnerin nur zur Selbstbefriedigung benutzt. Es besteht auch die Leidenschaft nach einer absoluten Zuwendung und einem absoluten Sich-schenken. Leidenschaft braucht auch Zügel. Nicht nur die sexuelle Leidenschaft. Auch Nächstenliebe braucht Vernunft: Einer kann sich am Krankenbett so verausgaben, dass er keine Kraft mehr hat. Er muss aber auch an sich selber denken, damit er auch weiterhin Liebe schenken kann.

Ohne Leidenschaft keine Liebe

„Ein fröhliches Herz entsteht normalerweise nur aus einem Herzen, das vor Liebe brennt." Mutter Teresa hat Leidenschaft als Weg zum Glück und zur Freude einmal so definiert. Leidenschaftliche Liebe ist keineswegs nur in der erotischen oder sexuellen Beziehung lebbar. Sie ist auch in der karitativen Zuwendung zum anderen wirksam. Auch in der Pastoral übrigens. Ein Seelsorger muss die Leute mögen. Leidenschaft für Menschen, das heißt nicht, gleich in Liebe zu ihnen verfallen, wohl aber ein großes Herz für sie haben. Und wenn ein Seelsorger das nicht schafft, dann ist er möglicherweise besser in der Verwaltung oder einem Archiv aufgehoben.

Wenn ich mich hingebe in der Liebe, muss es mit Leidenschaft gehen. Es ist wie in der Musik: Leidenschaftslose Musik ist keine Musik mehr. Das Herz eines Künstlers und einer Künstlerin muss so in der Musik aufgehen, dass das Herz der Zuhörer davon berührt und bewegt wird. Was zwischen Menschen passiert, ist vergleichbar mit dem physikalischen Gesetz, nach dem zwei Saiten anfangen zu schwingen. Wenn die eine anfängt, beginnt auch die andere zu schwingen. So kann ein Gleichklang entstehen.

Liebe ist auf Eroberung aus. Ich verliebe mich, das heißt: Ich sehne mich nach Resonanz und möchte eine Antwort haben. Wenn ich sie nicht bekomme, dann kämpfe ich um sie, weil mir diese Frau oder dieser Mann so viel wert ist, dass ich ihn oder sie unbedingt bei mir haben möchte. Einseitige Liebe – nach dem Motto: „Auch wenn du mich nicht liebst, kannst du mich nicht hindern, dich zu lieben" – ist blind. Liebe erzwingen kann man nicht. Liebe heißt: dem anderen seine Freiheit lassen. Wenn er nicht mag, dann mag er eben nicht. Dann lasse ich ihn in Ruhe.

Das Singletum, zumindest wenn es als Ideologie daher-
kommt, ist oft in einem Narzissmus begründet, in der
Unfähigkeit, einem anderen Menschen zu vertrauen
und ihn zu lieben. Man möchte etwas vom Leben haben
und sich alles gönnen. Natürlich soll ich das Leben genießen. Aber in Maßen. Natürlich ist auch Liebe
Genuss – aber ich kann nicht nur um des Genusses willen lieben.

„Das Leben lieben" heißt: Ich freue mich, auf der Welt zu
sein. Liebe heißt: Im anderen kommt mir das Leben ent-
gegen. Wenn ich das erfahre, merke ich auch, wie schön
das Leben ist. Wenn ich einen anderen liebe, dann ist
auch mein Leben schön.

Liebe ist aktive Bejahung: Der andere muss es auch spüren, dass er geliebt ist. Wenn man einander vertraut,
dann kommen auch Qualitäten zum Vorschein, die vorher nicht da oder noch nicht sichtbar waren. Wenn sie
die Liebe spüren, fangen junge Menschen zum Beispiel
an, zu dichten. Es ist wie bei einer Rose: Wenn die Sonne
kommt und Licht und Wärme auf die Blume einwirken,
öffnet sie sich. Und wenn die Sonne abends wieder un-
tergeht, schließt sie die Blätter. Ihre volle Schönheit sieht
man, wenn sie die Blüte geöffnet hat.

Um Ansprechen und Angesprochenwerden geht es.
Bei jungen Menschen wird die Liebe durch äußere Reize
geweckt – die Schönheit eines jungen Gesichts, eines jungen Körpers.

Erst unter dem Licht und der Wärme der Liebe wird
sichtbar, welche Schönheit in einem Menschen ist. Erst
da entfaltet er sich. Liebe hat etwas vom Schöpfungsvor-

gang, sie ist eine Art Mitschöpfung. Die Psychotherapeutin Verena Kast spricht vom kreativen „Herauslieben": Etwas herauslocken und sichtbar machen, was im anderen angelegt, aber noch nicht an den Tag gekommen ist: Das ist Liebe.

Ich habe es erst kürzlich wieder beobachtet auf dem Flughafen: Eine junge Frau, die so übergewichtig war, dass sie kaum mehr laufen konnte. Sie hatte ihren Freund dabei und ich beobachtete, wie die beiden mit den Händen spielten und ich sah, wie sehr sie sich liebhatten.

Ruth Pfau, die Lepraärztin und Nonne, die über 50 Jahre in Pakistan arbeitete und oft mit stark entstellten Menschen zu tut hatte, glaubte manchmal, nicht mehr lieben zu können. Aber sie sagte: „Wenn ich dann wirklich aufmerksam hinschaue, gelingt es doch immer wieder. Einfach, weil Gott keine Ausschussware schafft. Irgendetwas Schönes, Kostbares ist in jedem Menschen, vielleicht auch nur etwas Tragisches, aber immer etwas, was ich doch lieben kann. Irgendwie scheint der Geschenkcharakter unseres Lebens eben doch durch, dieses Eigentliche, das der Liebe eingestiftet ist."

Leidenschaft kultivieren

Die körperlichen Reize allein machen nicht die Liebe aus. Der Aspekt der Kultivierung kommt dazu. Erst dann ist es mehr als ein bloßes Paarungssignal zum Zwecke der Arterhaltung im Sinn der Fortpflanzungsbiologie.

Wir sind Kulturwesen. Auch die Liebe beim Menschen ist nicht naturbelassen. Alles muss kultiviert werden, auch unsere Liebe. Die japanischen Gärten oder die japanische Kunst des Ikebana sind für mich das schönste Beispiel solch kultivierter Liebe. In der bewussten Gestaltung kommt etwas in seiner Schönheit erst voll zur Geltung. Kultur blockiert die Schönheit nicht, sondern lässt sie aufscheinen. Erst eine kultivierte Liebe ist eine echt menschliche Liebe, die Freude macht und nicht enttäuschen wird.

Wenn es nur noch um die Leidenschaft geht, vermisst und verliert sich der Mensch. Dann sind ihm alle anderen Bindungen gleichgültig.

Coolness ist das andere Extrem: Coolness ist, wenn ich mit dem Handbuch der Liebe ins Bett gehe. „Nicht ist die Liebe gelernt", sagt dagegen Rilke in einem Gedicht. Er meint diese Kultivierung, zu der Disziplin und Geduld, Rücksichtnahme und Respekt gehören. Liebe denkt eben nicht nur an die eigene Befriedigung, sondern auch an den anderen. Liebe ist Bezug zum Du – durchaus in ganz verschiedener Weise.

Liebe verwandelt: Wenn ein junger Mensch von einem anderen „angesprochen" wird, werden neue Kräfte frei durch eine Erweiterung der Lebensmöglichkeiten und eine Steigerung der Lebensintensität. Ein jugendlicher Rabauke zieht sich jetzt plötzlich anders an und ein verlotterter Halbstarker wird zum sensiblen Jüngling. Wenn die Frauen dabei sind, werden auch raue erwachsene Männer plötzlich feinfühliger. Und ein Mann, der seine Frau und ein Vater, der sein Kind liebt, sieht die Relativität der Güter dieser Welt schneller als einer, der nur für sich lebt. Liebe kann die Menschen verändern. Sie muss nicht nur kultiviert werden, sie hat auch eine kultivierende Kraft.

Narzissten verlieben sich in sich selbst, weil sie dem anderen nicht trauen. Liebe bedeutet aber, sich schenken und weggeben können. Bis hin zur Hingabe seiner selbst. Platon schildert im Mythos vom Kugelmenschen, dass der Mensch ursprünglich in Kugelform geschaffen, dann aber in zwei Hälften getrennt worden sei; deshalb strebten diese beiden Hälften ständig zu einander. Erst in der neuen Einheit erlange er wieder seine Vollkommenheit: Ich komme demnach zu meiner Erfüllung, zu meiner wahren Gestalt, erst durch einen anderen. Ich brauche den anderen, um „rund" sein zu können. Noch einmal mit Martin Buber gesagt: Das Ich erfüllt sich erst in der Liebe zum Du.

Emotionale Bedürftigkeit

Intimität als Ort eines vertrauensvollen und geschützten Verhältnisses kennzeichnet eine exklusive Beziehung. Das gilt nicht nur für Liebesbeziehungen zwischen Erwachsenen. Denn natürlich möchte jeder emotionale Zuwendung und versucht, sie von verschiedenen Seiten zu holen. Schon das Kind braucht das von den Eltern. Das ist auch das Problem bei der Erziehung im Internat: Wenn ein Kind traurig ist, braucht es Streicheleinheiten. Ein Erzieher muss aufpassen, dass nicht *er* die Streicheleinheiten des Kindes braucht. Es bedarf natürlich einer herzlichen Zuneigung zum Kind, aber das darf keine Exklusivbeziehung, gar mit sexueller Konnotation sein. Missbrauch passiert immer dann, wenn dies in asymmetrischen Verhältnissen vergessen wird. Es ist natürlich schön, wenn einem das Herz eines Kindes oder eines Jugendlichen zuströmt. Ich kann das registrieren und darf mich darüber freuen. Wenn ich es aber suche, dann kommt es zu Übergriffen. Ein erwachsener Erzieher muss auch seine eigene emotionale Bedürftigkeit kanalisieren können. Auch ein verheirateter erwachsener Erzieher muss ja eine Beziehung zu einem jüngeren aufbauen und auch „Streicheleinheiten" schenken können, und trotzdem muss er die Finger von diesem Kind lassen. Ein Erzieher muss sich dieser Zusammenhänge bewusst sein. Darauf hat man in den kirchlichen Internaten zu wenig geachtet. Man hat die jungen Priester, im Vertrauen darauf, sie hätten eine natürliche Beziehung zur Jugend, unreflektiert in diesen Beruf gesteckt, ohne jegliche Vorbereitung. Und da wurden sie plötzlich mit ihrer Liebesbedürftigkeit konfrontiert. Jetzt gibt es seit einiger Zeit spezielle Ausbildungskurse für Internatspräfekten, die für diese Zusammenhänge sensibilisieren.

Die schwierige Feindesliebe

„Ich aber sage euch: Liebet eure Feinde; segnet, die euch fluchen". So steht es in Matthäus 5,44. Pater Gregory Mwageni, der erste einheimische Prior unserer Abtei St. Maurus im ostafrikanischen Hanga, hat mir einmal gesagt: „Als ich getauft wurde, war es für mich etwas Unglaubliches, dass ich auf einmal Menschen außerhalb meines Clans lieben sollte." Er sagte: „Wir sind es gewohnt, alles für die Mitglieder unseres Stammes zu tun. Aber jeder andere ist ein potentieller Feind." Feindesliebe meint nicht, was wir mit „Hassliebe" bezeichnen, also eine Intensität in einer emotionalen Beziehung, die in ihrem Ausdruck auch umschlagen kann. Jesus meint in Mt 5,44 die Liebe zu Menschen, die mir übel wollen. Liebe ist prinzipiell nicht auf Trennung aus, sondern sucht den Zusammenhalt und die Verbindung. Feindesliebe heißt, dass ich für einen Menschen sorge, von dem ich weiß, dass er mir Übles zufügen wollte. Zum Beispiel, wenn ich Kriegsgefangene mit großer Hingabe pflege.

Ich glaube, dass die Liebe zum Feind den Feind verändern, ihn von einer aggressiven Attitude wegbringen und den menschlichen Kern aus ihm herauslocken kann, dass also das Böse durch das Gute überwunden werden kann. Wenn ich zum Beispiel nach Nordkorea komme, in den Bereich der „Achse des Bösen", dann spüre ich auch da zuerst die Reserve gegenüber mir als einem Ausländer. Ganz archaisch bedeutet solche Vorsicht: Jeder Fremde ist eine Gefahr für unser Leben. Auch hierzulande gilt: Nationale Tendenzen befürchten, dass Ausländer unsere Arbeitsplätze wegnehmen oder die Gelder unseres Sozialsystems wegschmarotzen ohne etwas dafür zu tun. Wenn ich dann aber dem einzelnen Menschen begegne, sieht es wieder anders aus. Dann kann es zu Äußerungen kommen wie: „Die taugen alle nichts. Aber der schon." Ein klassischer Fall wurde aus den Schützengräben des Ersten Weltkriegs berichtet, als die einander in Sichtweite gegenüber liegenden Soldaten anfingen, Zigaretten auszutauschen. Sie merkten: „der andere" ist auch ein Mensch – und waren nicht mehr in der Lage, auf den anderen zu schießen.

„Liebet eure Feinde", das hat Auswirkungen bis in unsere staatlichen Institutionen hinein: Wenn unser System darauf angelegt ist, den Straffälligen zu resozialisieren, dann ist auch das Ausdruck der Feindesliebe – objektiviertes Christentum, ähnlich wie die rechtlich festgeschriebene Verpflichtung zur Hilfeleistung. Man sieht im straffällig gewordenen nicht mehr nur den Übeltäter, sondern den Menschen, dem die Chance zur Veränderung zugebilligt wird.

Das Gegenteil von Liebe ist nicht Hass, sondern Gleichgültigkeit: eine Haltung, die den anderen verachtet, ihn liegen lässt und ihm zu verstehen gibt: Es ist mir gleich, ob du existierst oder nicht. Das ist die heftigste Aggression. Damit wird dem anderen die Würde genommen. Wenn ich ihn hasse, nehme ich ihn ernst. Gleichgültigkeit ist totale Missachtung: „Du bist für mich eine Null. Ein Nichts": das Tödlichste, was man einem antun kann.

Das muss nicht nur in politischen Konfliktsituationen sein. Es ist ja oft auch in einer Ehe so. Wenn zwei nebeneinander herleben und der eine dem andern nichts mehr bedeutet, ist das tödlich für die Beziehung. Erst wenn ich mich auf den andern wirklich einlasse, werde ich einen menschlichen Kern in ihm entdecken können. Und nur wenn ich den wahrnehme, kann eine Beziehung wieder Freude machen.

Thomas von Aquin hat gesagt: „Aus der Liebe erwachsen Freude wie Traurigkeit." Das unterscheidet sie von der Gleichgültigkeit: das ganze emotionale Spektrum hat in der Liebe einen Ursprung und eine Quelle. In der Liebe selbst ist mit der Vergänglichkeit schon die Trauer angelegt. Oft verdrängt man den Gedanken an die durch den Tod gesetzte Grenze jeder Beziehung. „Verweile doch": in diesem Wunsch steckt bei jedem Liebenden auch die Grundsehnsucht nach Dauer und Ewigkeit.

Der schönste Text über die Liebe ist im ersten Korintherbrief das Kapitel 13. Dabei ist er keineswegs harmonieselig. Schon der Einstieg spricht es aus: „Wenn ich in Menschen- und in Engelszungen redete, hätte aber die Liebe nicht, wäre ich ein dröhnendes Erz und eine klingende Schelle." Nicht die Propheten, nicht das Martyrium sind der höchste Wert. Das Provozierendste: Auch der Glaube wird relativiert gegenüber der Liebe: „Wenn ich allen Glauben hätte, um Berge zu versetzen, hätte aber die Liebe nicht, wäre ich nichts." Liebe ist der primäre Wert.

„Und wenn ich all meine Habe den Armen schenkte und meinen Leib hingäbe, dass ich verbrannt würde, hätte aber die Liebe nicht, nützte mir's nichts." Auch die Hingabe von Dingen kann Egoismus sein. Da ist etwa ein Kunstmäzen, der seine ganzen Schätze der Stadt vermacht – aber verlangt, dass sie ihm ein Museum mit seinem Namen baut. Der höchste philanthropische Gestus – alles nichts ohne die Liebe. Alles das kann aufgeblasen und selbstsüchtig sein – bei genauerem Hinsehen.

Dann beschreibt Paulus die Qualitäten der Liebe: „Die Liebe ist langmütig, gütig ist die Liebe. Sie ereifert sich nicht, sie prahlt nicht, sie bläht sich nicht auf, sie ist nicht schamlos, sie sucht nicht das ihre, sie lässt sich nicht reizen, sie rechnet das Böse nicht auf."

Wer verzeiht und aus Liebe sagt: „Schwamm drüber", der bagatellisiert nicht.

„Sie freut sich nicht über das Unrecht, sie freut sich mit an der Wahrheit. Alles trägt sie, alles glaubt sie, alles hofft sie, allem hält sie stand." Die Tugenden der Gerechtigkeit und der Tapferkeit sind in ihr eingeschlossen.

Und dann am Ende die Ewigkeitssehnsucht: „Die Liebe hört niemals auf. Prophetie wird aufhören, Sprache verstummen, Erkenntnis vergehen. Stückwerk ist ja unser Wissen, Stückwerk unsre Prophetie. Wenn aber die Vollendung kommt, wird das Stückwerk abgetan." „Nun aber bleibt Glaube, Hoffnung, Liebe, diese drei. Am größten aber ist die Liebe."

Ein wunderbarer Text. Der Klassiker unter den Hochzeitstexten. Ich nehme in der Regel allerdings das Evangelium von der Hochzeit von Kanaa dazu. Warum? Jesus hat die Ehe voll bejaht und sogar mitgefeiert. Er hat sogar dafür gesorgt, dass noch genügend Wein da war, während gute Asketen am liebsten den Wein in Wasser verwandeln würden. Das ist aber nicht die wahre Liebe zum Menschen. Es gibt sie immer wieder, sie, die wollen, dass die anderen so sind wie ich und die sich nicht darüber freuen können, wenn andere das Leben genießen. Das ist genau das Gegenteil von Liebe. Liebe bedeutet: dem anderen die Freiheit zu schenken, ihn in seiner Art anzunehmen und zu respektieren. Das kann ein schönes Stück Arbeit sein. Aber man muss dann eben auch über sich lachen können. Man braucht Selbstironie und Humor: die Fähigkeit, sich selber relativieren zu können.

Wenn das klappt, dann ist die Liebe eine Kraftquelle. Sie hört nie auf zu sprudeln. Sie endet nicht. Sie steigert sich eher noch, wenn sie gelebt wird. Was Gregor der Große gesagt hat, gilt in besonderem Maß für die Liebe: „Wer nach der Tugend hungert und dürstet, er wird beim Erlangen eine Sättigung erfahren. Aber eine Sättigung, die durch die Befriedigung erst recht entzündet, nicht abgestumpft wird."

Je mehr man den Menschen – gerade wenn man religiös eingestellt ist – mit den Augen Gottes sieht, umso stärker liebt man ihn auch. Menschenliebe und Gottesliebe hängen zusammen. Paulus hat die Beziehung zwischen Gott und den Menschen als eheliche Beziehung gesehen. Wir tun uns heute in einer pornographischen Gesellschaft schwer damit zu sagen, dass die innige Verbindung von Mann und Frau im Geschlechtsakt ein göttliches Zeichen ist. Viele würden das heute auch als schwer nachzuvollziehende Überhöhung sehen. Sie sehen das als Genuss, der keiner transzendenten Deutung bedarf. Das Geheimnis der Sexualität scheint zu schwinden.

„Augenblick verweile doch, du bist so schön": Die immer neue Suche nach der Ekstase ist ein Ausdruck der unausrottbaren Transzendenz des Menschen. Die Liebe, auch die sexuelle Liebe, ist immer ein Anstoß zur Suche nach dem unendlichen Glück. Die Pornoindustrie versucht den Impuls zu vergröbern und zu perpetuieren. Aber die Wiederholung des sexuellen Reizes ist nicht die Erfüllung der Sehnsucht, sie stumpft die Erfahrungsqualität eher nur ab. Die Sehnsucht bleibt und drängt weiter.

Wer nicht liebt, erkennt Gott nicht. Wer liebt, erkennt ihn ganz nebenbei, ohne besondere Anstrengung. Erst wer liebt, kann das liebende Handeln Gottes und sein liebendes Herz verstehen. „Man sieht nur mit dem Herzen gut", sagt der kleine Prinz Saint-Exupéry's. Wir sind in der Liebe, wenn wir völlig selbstvergessen sind, wenn wir nicht unseren eigenen Vorteil suchen, sondern den des anderen. Wir weichen der Liebe aus, wenn wir narzisstisch auf uns bezogen sind. Die Rede von der gottvergessenen Welt meint im Kern, dass die Welt ohne Liebe ist. Glaubensnot und die Not unserer Gesellschaft liegen nahe beieinander.

Das Absterben der Bindungsfähigkeit, die Unfähigkeit zur unbefangenen Freude, der Verlust des Vertrauens, die Neigung zur Kontrolle – das wirkt sich auf das Klima der Gesellschaft aus. Solche Phänomene haben aber auch religiöse Auswirkungen. Wir brauchen das Vertrauen, die Liebe, die Freiheit, damit der Mensch zum Menschen wird und die Gesellschaft human bleibt. Wenn diese urmenschlichen Fähigkeiten absterben, banalisieren wir unsere Welt und steuern wir auf den Orwellstaat zu. Da funktioniert alles perfekt, weil alles unter Kontrolle ist. Aber ohne Vertrauen, Freiheit und Liebe zerfällt eine Gemeinschaft. Damit ist dem Glück der Boden entzogen.

9 Von der Hoffnung

Wir Realisten wissen es doch: Wer von der Hoffnung lebt, stirbt an Verzweiflung. „Wer heut noch hoffen macht, der lügt", sagt Wolf Biermann. Warum nicht mit dem Schlimmsten rechnen, seinen Kopf einziehen und sich einrichten?

Mit dem Schlimmsten zu rechnen ist gut, aber nur der halbe Realismus. Man muss – und kann – auch in schweren Situationen nach einem Ausweg suchen. Meine Lebenserfahrung ist: Es kommt nicht so schlimm, wie man gedacht hat. Aus Russland stammt der Spruch: „Wem Gott die Tür zuschlägt, dem öffnet er ein Fenster." Pessimismus ist eine Schwester der Trägheit. Und Biermann sagt übrigens auch: „Wer die Hoffnung verbietet, ist ein Schweinehund."

2008 wurde bei dem Aktionskünstler und Regisseur Christoph Schlingensief, der durch seine provokanten Ideen immer wieder von sich reden machte, Krebs diagnostiziert. Er war noch nicht einmal 47 Jahre alt. Über seine Ängste und Hoffnungen hat er in den zwei Jahren, die ihm noch blieben, ein bewegendes Buch geschrieben: „So schön wie hier kanns im Himmel gar nicht sein", sein Krebstagebuch. Und in einem Interview, kurz vor seinem Tod legte er noch nach: „Ich habe keinen Bock auf Himmel, ich habe keinen Bock auf Harfe spielen und singen und musizieren und irgendwo auf einer Wolke herumgammeln!" Das klingt ein wenig wie der grantige Münchener Dienstmann Aloysius, war aber ernster gemeint. „Himmel", das ist hier das Synonym für Sterben und Tod, das Ende von Denken und Arbeiten. „Dann hänge ich vielleicht irgendwo zwischen den Sternen rum und kann nichts tun, würde so gern helfen oder etwas machen, aber kann nichts machen. Ich habe leider ganz große Angst vor diesem Himmel." Schlingensief erzählt, dass er überlegte sich umzubringen, davon aber wieder abkam: „Ich werde auf alle Fälle Christ bleiben ..."

Die Begegnung mit Angst, an der Grenze des Lebens, die Konfrontation mit der Ohnmacht des eigenen Ich, das ist der Ernstfall der Hoffnung, auch für Christen.

Eine ganz andere Geschichte, die mir einfällt, wenn ich daran denke, was Hoffnung sein kann: Eine Frau rief mich an und erzählte von ihren alltäglichen Problemen. Ihr Mann war an Alzheimer erkrankt. Sie pflegte ihn nun schon seit mehreren Jahren hingebungsvoll. Aber sie jammerte nicht und am Ende des Telefonats sagte sie: „Im Grund tu ich's gern. Er war immer ein guter Kerl. Und man weiß nie wofür's gut ist ..." Eine nüchtern-bayerische Art der Hoffnung könnte man das nennen. Es geht nicht darum, ob es sich „rechnet". Die Möglichkeit, dass das nicht der Fall ist, wird nicht einmal kategorisch ausgeschlossen. Das ist der Witz bei der Hoffnung: Sie bietet keine Sicherheit mit Brief und Siegel. Trotzdem lässt sie nicht verzweifeln, sondern vertraut auf die positiven Möglichkeiten. Diese Frau folgt einfach dem Impuls ihres dankbaren Herzens und packt an, zum Wohl ihres kranken Mannes. Das ist bodenständige Spiritualität. Nicht von der Sorte, die lebenslang hehre Werte propagiert und verzweifelt, wenn es ernst wird.

Hoffnung ist nicht Optimismus, der fröhlich sagt: „Es wird schon alles gut gehen, wenn wir nur positiv denken." Das wäre höchstens eine seichtere Form der Zuversicht. Natürlich „hoffen" wir auch auf besseres Wetter, auf ein leichtes Examen oder den Sieg „unserer" Mannschaft: Dinge, die wir nicht in der Hand haben oder deren Ausgang unbekannt ist. Hoffnung drückt den Wunsch aus, dass es so komme, wie wir es uns wünschen. Aber Hoffnung als Tugend zum Leben ist mehr als ein frommer Wunsch. Ihre Kraft geht tiefer und zielt darauf, dass unser Leben gut und sinnvoll ist.

Eine andere Ehegeschichte, die mich angerührt hat: Die Theologin Uta Ranke-Heinemann schrieb 2010 in einem Artikel für die „Zeit": „Seit dem 11. 9. 2001, dem Todestag meines geliebten Mannes, der 56 Jahre das Glück meines Lebens war, habe ich nur den einen Gedanken: ihn im Jenseits wiederzufinden … Ich habe meinen Glauben verloren, aber Hoffnung und Liebe sind mir geblieben."

Der Tod ist nicht nur die Wasserscheide der Hoffnung, er ist auch der Ernstfall von Glaube und Liebe. Mit dem Tod endet die Hoffnung auf innerweltliche Ziele. Aber Hoffnung ist größer und geht weiter. Christus hofft am Kreuz, dass der Vater ihn nicht bei den Toten lässt. Mit ihm hoffen wir über den Tod hinaus das gleiche – wir hoffen auf den Himmel: die endgültige Nähe der Liebe Gottes. Ich kann Hoffnung und Glauben – im Sinne von Vertrauen – und Liebe also nicht voneinander trennen. Uta Ranke-Heinemann sagt, sie habe ihren Glauben verloren. Es stimmt: Katechismuswissen wird im Angesicht des Todes relativ. Aber angesichts des Todes bekommt Glaube als Vertrauen und Hoffnung existentielles Gewicht. Glauben selbst steht auf dem Prüfstand – nicht die rationale Nachvollziehbarkeit bestimmter Sätze. Jetzt wird alles in Frage gestellt. Der Tod eines lieben Menschen – und natürlich auch mein eigener unausweichlicher Tod – das ist das große Fragezeichen im Leben.

Es geht ums Ganze. Welchen Sinn hat alles? Hat es überhaupt einen Sinn?

Der Glaube an das Leben über den Tod hinaus ist der Prüfstein. Wenn das nicht stimmt, so Paulus, dann ist alles andere sinnlos. Für mich persönlich ist eines sicher und unerschütterbar: Das Vertrauen auf Jesus Christus und die Gewissheit, dass er mir hilft und helfen wird. Gott wird mich zum Leben führen, weil ich mit Jesus Christus eins bin. Als Theologe antworte ich also auf die Frage nach der Hoffnung mit meinem Glauben: Hoffnung zielt letzten Endes auf Vollendung – die Wiederkunft Christi.

Was „Wiederkunft Christi" heißt, das ist schwer zu übersetzen für jemanden, der die biblische Sprache nicht gewohnt ist. Und es ist vielleicht noch schwerer zu verstehen für einen Mensch, der nur schwarz sieht, beispielsweise weil er keinen Job hat, weil er Krebs hat, weil er seine Liebe verloren hat und sein Leben nur öde findet.

Dem kann ich nicht mit diesem Bild kommen. Ich kann ihm auch keine Ersatzhoffnung liefern. Ich kann nur versuchen, mit ihm ins Gespräch zu kommen und zu sagen: Wenn du genau hinschaust auf dein Leben, siehst du, dass es einen Sinn hat und es auf etwas zugeht.

Dass man mit theologischen Formeln vorsichtig sein muss, ist mir in einem unserer Missionskrankenhäuser in Afrika aufgegangen. Dort, in Südafrika, bin ich mit einer Schwester durch ein Krankenhaus gegangen. Schwester Reinolda war nicht nur eine Powerfrau, sondern auch wirklich heiligmäßig (der Prozess zur Seligsprechung wurde inzwischen tatsächlich eingeleitet). Diese wunderbare Frau hat als Hebamme 25000 Kinder zur Welt gebracht. Heute wird sie verehrt, die Menschen pilgern mit Bussen zu ihrem Grab. Auf unserem Gang durch das Krankenhaus nun kamen wir auch zu einem Zuluhäuptling. Sie erzählt ihm von der Liebe Jesu und so weiter. Und die Reaktion des Zuluhäuptlings? Er hört sich das alles an und sagt nur: „Hoffentlich bricht mir jetzt in meinen Kral kein Löwe ein!" Sie hat fromm weitergeredet. Er sprach nicht darauf an. Seine Hoffnungen richteten sich auf anderes. Er reagierte überhaupt nicht auf die frommen Vorhaltungen. Und die Reaktion der heiligmäßigen Sr. Reinolda? Sie sagte zu mir schmunzelnd: „Den kriegen wir schon noch hin."

Man sollte nicht zu schnell über sie lächeln. Es kam nicht so sehr darauf an, was sie da sagte. Sie *war* die Verkörperung von Hoffnung in dem, was sie tat. Und wer das ist, der muss gar keine großen theologischen Reden halten. Ein solcher Mensch spricht – viel mehr als in dem, was er in religiös-theologischer Sprache sagt –, in einer überzeugenderen Sprache: der Sprache des eigenen Lebens.

Wirklich Hoffnung bringt, wenn man Nähe im Leiden erfährt: Da kommt jemand zu einem Menschen – und dessen Leben wird anders, besser, reicher, erfüllter. Da ist Verzweiflung, Not – und es kommt jemand als Lichtstrahl. Zuwendung zu einem Menschen, der hoffnungslos ist, das gibt Hoffnung. Ihm zuzuhören, bis er vielleicht selber wieder weiter weiß, dann geht es. Bis morgen vielleicht nur, aber das reicht oft schon.

Was ich selber einem verzweifelten Menschen, der möglicherweise zu mir kommt, sagen werde, das weiß ich nicht im Vorhinein. Was ich aber weiß: Wir müssen gemeinsam nachdenken. Vielleicht ergibt sich aus dem Gespräch eine Perspektive. Das ist ein Weg, wie sich der Blick auf das Leben wieder weiten kann. Das geschieht sicher nicht durch theologische Formeln, deren tieferer Sinn höchstens dem Sprecher klar ist. Und diese neue Perspektive braucht natürlich auch nicht schon bis ins jenseitige Leben zu gehen.

Wenn Menschen sich einander zuwenden, geschieht Hoffnung. Hoffnung macht immer eine Türe auf. „*Lasciate ogni speranza, voi ch'entrate.* Lasst alle Hoffnung fahren, die ihr hier eintretet", so heißt es in Dantes „Göttlicher Komödie" beim Eintritt in die Hölle. Hier gibt es keinen Ausweg mehr. Hier ist die Perspektive auf Glück verstellt. Das ist es, was Jean Paul Sartre in seinem Stück „Hinter verschlossenen Türen" beschreibt: Die Menschen, in sich abgeschlossen, können sich gegenseitig die Hölle sein. Wenn sie sich einander öffnen, öffnet sich auch die Tür aus dem Gefängnis der Verzweiflung.

Pessimisten haben es schwerer

Es ist nicht unrealistisch, mit dem Schlimmsten zu rechnen. Aber das ist nur der halbe Realismus. Zum Realismus gehört Hoffnung. Auch in schweren Situationen kann und muss man nach einem Ausweg suchen. Es gibt so etwas wie eine natürliche Hoffnung im Menschen: den Überlebenswillen. Wenn einer hofft, dann kämpft er und kann Kräfte entwickeln, die er sonst nie gespürt hat. Das zeigt sich bei Kranken, aber auch in besonderen Gefahrensituationen. Wer nur mit dem Schlimmsten rechnet, denkt nicht mehr weiter. Wenn ich verzweifle, sehe ich keinen Ausweg mehr. Pure Angst vor den Konsequenzen eines Handelns lähmt. Zum Realismus gehört auch die Erfahrung, dass vieles im Leben besser gekommen ist, als man befürchtet hat. Der Pessimismus hat einen Glaubenssatz: „Es geht immer alles daneben." Das stimmt nicht nur nicht, sondern Pessimismus wird dadurch auch zu einer Schwester der Trägheit. Und oft geht dann auch in der Tat etwas daneben, weil man nicht versucht hat, es besser zu machen oder das Misslingen zu verhindern. Wenn ich pessimistisch gestimmten Negaholikern gut zuzureden versuche, verzweifle ich oft: Nichts kommt an. Nichts wird angenommen. Man kommt sich vor wie ein Kind, dem alle Sachen, die es vom Boden aufheben will, immer wieder aus der Hand geschlagen werden. Natürlich *kann* es schlimm kommen. Aber keiner kann mit Sicherheit sagen, dass es wirklich so schlimm kommt. Der Optimist fragt: Warum soll es nicht gut gehen? Er lebt nicht nur leichter, ihm gelingt auch vieles, was er anpackt.

Scheitern und Sinn

Hoffnung heißt übrigens auch für dieses Leben nicht, dass alles gut geht, dass man nicht scheitern kann: Aber das Scheitern löscht den Sinn nicht aus. In der Kirche San Bartolomeo im römischen Trastevere, der Kirche der Gemeinschaft von St. Egidio, sind an den Seitenaltären Reliquien von Glaubenszeugen des 20. Jahrhunderts ausgestellt. Da ist ein Stein, den Nazis auf die Residenz des Rottenburger Bischofs Sproll geworfen haben oder ein Brief von Franz Jägerstätter, den er wenige Tage vor seiner Hinrichtung durch die Nazis schrieb. Da sind Bibeln, aus denen Glaubenszeugen aus Asien oder dem kommunistischen Russland ihre Hoffnung bezogen. Man sieht den Rosenkranz des ermordeten russisch-orthodoxen Priesters Aleksandr Men oder eine Stola des Erzbischofs Romero, der erschossen wurde, während er die Messe feierte. Was diese Zeugen des Glaubens, die sich für Gerechtigkeit und Freiheit einsetzten, deutlich machen: Die Hoffnung, für die sie stehen, war auch durch Mord nicht totzukriegen. Ihr Leben hatte Sinn – auch wenn es im irdischen Verständnis nicht „gut ausging". Sie haben durch ihren Mut anderen Hoffnung gemacht und die Flamme am Leben gehalten. Diese große Hoffnung heißt: Es wird am Ende doch alles gut, und zwar für alle. Nicht nur für mich, sondern für die ganze Welt. Der Geist gestaltet jetzt schon diese Welt neu, auch wenn die Vollendung erst am Ende der Tage sichtbar sein wird.

Im Römerbrief steht: „Wir rühmen uns der Hoffnung auf die Herrlichkeit Gottes." (Röm 5,1) Die Herrlichkeit Gottes ist demnach das Ziel christlicher Hoffnung: der großen Hoffnung auf die Erlösung der Welt.

„Seid fröhlich in der Hoffnung, geduldig in der Bedrängnis, beharrlich im Gebet." (Röm 12,12) Das sagt Paulus und skizziert so von der Hoffnung her, wie Christen zu leben hätten. Hoffnung ist das Fundament christlicher Lebenskunst.

Für mich persönlich bedeutet die Ausrichtung auf die „Wiederkehr Christi": die Ausrichtung meines Lebens auf Jesus Christus hin, bis zu meinem Tod. Wie es dann weitergeht, das überlasse ich ihm. Ich habe nicht den Anspruch, zu wissen, wie alles dann sein wird. Ich vertraue. Dann werden wir schon sehen.

Befreiend ist die Hoffnung, nicht das Vorherwissen

Kartenleger lesen aus Karten Künftiges heraus, Hellseher sagen unser Glück vorher. Ich würde nie zu einem Hellseher gehen. Ich kann mir doch denken, dass er mir auch das Unglück voraussagen kann, wenn er wirklich in die Zukunft sehen könnte. Wo der Versuch, über die Zukunft Macht zu gewinnen, zur Versuchung wird, sich an Gottes Stelle zu setzen, da haben wir es mit Blasphemie zu tun – oder mit Dummheit.

Zudem: Was wäre, wenn wir die Zukunft kennten? Befreiend ist die Hoffnung, nicht das Vorherwissen. Viele Menschen wollen wissen, was nach dem Tod auf sie zukommt. Es gibt fromme Seelen, die wissen wollen, ob die Seele eines Verstorbenen, der Frau, der Tante oder einer Freundin, noch im Fegfeuer ist und wie viele Messen man noch lesen muss. Etwas vorherwissen zu wollen heißt aber: Ich traue Gott nicht. Wenn ich an Gottes Barmherzigkeit glaube, brauche ich solchen Zinnober nicht. Aber wir wollen eben alles im Griff haben und auf Nummer sicher gehen, statt für die Toten zu beten und sie vertrauensvoll der Hand Gottes zu überlassen.

„Der Glaube, den ich am meisten liebe, sagt Gott, ist die Hoffnung." Dieser Satz von Charles Peguy ist mehr als ein Bonmot. Man könnte sagen: Der Glaube fließt in die Hoffnung über. Man kann aber auch sagen: Die Hoffnung ist ein Ergebnis des Glaubens. Hoffnung ist eine andere Gestalt des Glaubens. Weil ich an diesen barmherzigen Gott glaube, hoffe ich, dass auch mein Leben letzten Endes gut ausgeht. Unsere grundlegende Hoffnung zielt auf das ewige Leben. Aber man sollte das nicht nur auf ein Jenseits beziehen. Für mich besteht die Hoffnung in der Gelassenheit schon im Hier und Heute: Ich lasse die Zukunft Zukunft sein. „Sorgt euch nicht um das Morgen. Das Heute hat schon seine Mühe und seine Plage."

Wenn Gott nicht einmal den Sperling vergisst, dann kann auch unser kurzes Leben niemals verlorengehen. Nur in der Zeit kann etwas enden. Wenn aber die Zeit selbst nicht mehr ist, bleibt alles, was uns so flüchtig erschien, für immer aufgehoben in Gottes ewigem Jetzt. Alles Weitere ist nicht so wichtig. Die Vorstellung, ich müsse in der Ewigkeit mit jedem lieben Menschen zusammentreffen, inspiriert mich nicht. Ich weiß nur: Jesus Christus, so wie ich ihn aus der Heiligen Schrift und aus der gesamten Tradition, letzten Endes aus meinem eigenen Leben erfahre, sorgt sich darum. Und wenn er sich darum sorgt, werde ich glücklich werden. Dass dieses Glück nie ein vereinzeltes Glück ist, das steht für mich fest. Unsere Vorstellung – und seien die Wünsche noch so lebendig – trägt da nicht. Ewigkeit ist ganz anders. Natürlich brauchen wir Bilder, gerade weil diese Wirklichkeit unsere Vorstellung unvorstellbar übersteigt. Wenn mein Glück nicht solitär ist, liegt auch die Vorstellung nahe, dass da auf neue Weise auf einmal eine Gemeinschaft hergestellt wird. Die Bibel spricht vom Ewigen Gastmahl. Ein schönes Bild. Es ist nicht etwas völlig anderes, worauf ich warte, sondern die Steigerung des Guten, das ich in diesem Leben schon erfahre. Liebe ist ja nicht ein abstraktes Sein, sondern personale Liebe, deren Geschmack wir hier schon erleben und die auch hier schon unser größtes Glück ist. Nur in Bildern und paradoxen Aussagen können wir davon reden. Ich kann auch sagen, wie gut das schmecken wird. Immerhin: Jesus hat auch nach der Auferstehung mit seinen Jüngern zu Tisch gesessen und gegessen. Auch das ist ein Bild, das mir viel bedeutet. Kürzlich hat mich aber jemand gefragt, neben wem ich beim ewigen Gastmahl sitzen will. Da kann ich nur schmunzeln. Ich will das gar nicht wissen. Das wählt der Herrgott aus. Ich brauche kein konkretes Wissen über die Überzeugung hinaus: Alles ist in Gottes Hand. In ihm ist die Zeit aufgehoben.

Nur der Samen der Vollendung

Die alten Mesopotamier und die Israeliten haben geglaubt, der Himmel sei ein Zelt und die Sterne kleine Löcher darin, durch die das Reich des Himmels durchscheint. Das Bild gefällt mir. Vieles im Leben ist ein Loch im Zelt zur Ewigkeit. Alles Positive, was ich jetzt schon erlebe, ist wie ein kleiner Schlitz in der Dunkelheit, eine Öffnung in der Wand zur Ewigkeit, durch die ihr Abglanz schon jetzt sichtbar wird. Meine Hoffnung ist, dass das, was mich in der Ewigkeit erwartet, die Steigerung des Guten ist, an dem ich mich jetzt schon erfreue. Hoffen heißt nicht, dass wir aus der Verantwortung entlassen sind. Wir müssen mitarbeiten am besseren Leben. Hoffnung trägt nur den Samen der Vollendung. Sie ist das Licht am Ende des Tunnels. Sie ist der Stern, an dem wir uns orientieren.

Es gibt eine Weisheitsgeschichte: Jemand geht in den Laden und will Glück kaufen. Der Verkäufer aber sagt zu ihm: „Wir verkaufen nicht Glück, nur den Samen." Jeder ist seines Glückes Gärtner. Wir wachsen mit der Hoffnung. Dietrich Bonhoeffer hat gesagt: „Je mehr ein Mensch zu hoffen wagt, desto größer wird er." Der Mensch wächst mit seiner Hoffnung. Wir haben nur ein Leben – zur Bewährung. Und Bewährung bedeutet: sich einlassen auf die Welt und von seiner Freiheit Gebrauch machen. Die Mehrheit will jedoch nicht Freiheit, sondern Sicherheit und Absicherung. Dann darf sich nichts mehr ändern.

Ein Mitbruder hat mir einmal im Vorwurfston gesagt: „Dieses Kloster ist auch nicht mehr das, in das ich einmal eingetreten bin." Ich habe geantwortet: „Gott sei Dank. Sonst wäre es ein Friedhof." Wir sind nach Gottes Ebenbild geschaffen. Und er hat die Welt und uns in Freiheit gemacht. Aber die Freiheit ist uns oft zu unsicher.

Man versucht, die Zukunft in Griff zu bekommen, man sucht nach Ablaufgesetzen, betreibt Zukunftsforschung, stellt Prognosen – die doch nicht mehr sind als Science-

Fiction. Der Mensch will träumen. Hoffnung ist, dass sich die Träume realisieren lassen.

Hoffnung als eine der göttliche Tugenden ist eine vitale Kraft, aber in ihrer Vollendung ein Geschenk der Gnade. Sie ist Gnade, aber doch auch etwas Aktivierendes. Ich vertraue auf vieles, ich vertraue einer Beziehung, einem anderen Menschen. Ich glaube an diesen Menschen, weil *er* es ist, der das sagt. Aber das bewegt auch etwas in mir. Hoffnung ist ein Motor, aus der Zuversicht heraus, dass das, was ich tue, Sinn macht. Diese Motivation zum Handeln wächst aus einer Vision heraus. Die christliche Vision ist letztlich die Vision von der Vollendung der Welt. Auch wenn Hoffnung also Gnade ist, hängt sie nicht in der Luft, sondern setzt die Natur voraus – unsere Mitwirkung also. Man muss auch etwas tun, damit Visionen und Träume Wirklichkeit werden.

Der von den biblischen Propheten inspirierte Philosoph Ernst Bloch hat unser ganzes Leben auf diese aktivierende Grundkraft der Hoffnung bezogen: In allem liegt Hoffnung. Wenn man ein Haus baut, ist darin die Hoffnung auf das richtige Zuhause. Im Kunstwerk wird erfahrbar, was das konkrete Werk transzendiert: das Vertrauen, dass Schönheit sich durchsetzen kann und das Gute siegen wird.

Auch alle innerweltlichen Utopien beruhen auf Hoffnungen. Manche dieser utopischen Hoffnungen endete tödlich. Deshalb brauchen sie auch immer das Korrektiv des Realismus und der Reflexion ihrer Bedingungen. „Die Hoffnung ist eine große Verfälscherin der Wahrheit. Die Klugheit weise sie also zurecht und sorge dafür, dass der Genuss die Erwartung übertreffe." Das sagt Baltasar

Gracian (1601–1658) in seinem Buch „Handorakel und Kunst der Weltklugheit".

Wir hofften, dass die Finanzmarktkrise bald überwunden ist, und sie scheint auch schon fast vorbei zu sein. Manche erwarteten auch von den Verantwortlichen eine moralische Umkehr. Ich glaube aber nicht, dass die Finanzmanager wirklich moralisch besser werden. Auf der moralischen Ebene gibt es keine Evolution im Sinne des Darwinismus. Vernunft und Skepsis bleiben wichtig. Die Welt wird moralisch nicht automatisch immer besser. Man muss also etwas tun und eingreifen, um der Hoffnung Kraft und Nachdruck zu verleihen.

Die Hoffnung stirbt zuletzt

Die Mutter eines Mitbruders war schwer krebskrank. Ich habe sie ein halbes Jahr vor ihrem Tod noch besucht und gesehen: Sie lebte ganz auf die Primiz ihres Sohnes hin. Ich habe zu diesem Mitbruder gesagt: „Du wirst sehen, sie wird's noch durchstehen bis zur Primiz. Aber wundere dich nicht, wenn es dann schnell zu Ende geht." Und in der Tat: Unmittelbar nach dem Fest ist sie gestorben. Die Hoffnung verleiht Kraft und eine so starke Motivation, ein Ziel zu erreichen, das man als besonders sinnvoll ansieht.

Leben ist Hoffen. Im Lateinischen heißt es: *Dum spiro spero* – Solange ich atme, hoffe ich. Oder: Die Hoffnung stirbt zuletzt. Auch wenn alles ganz schwierig wird, kann ich immer noch eine „leise Hoffnung" haben. Die Hoffnung ist ein langes Seil, an dem man sich zu Tode zieht, sagt zwar ein Sprichwort. Aber im Krieg und unter anderen äußerst schwierigen Bedingungen haben Menschen immer wieder die schlimmsten Situationen ausgehalten, weil sie daran geglaubt haben, dass sie freikommen würden. Hoffnung ist eine natürliche Tugend, eine Veranlagung des Menschen, eine vitale Kraft, die zum Überleben hilft.

Natürlich kann Hoffnung auch schal werden. Sie kann zur Vertröstung verkommen. Christliche Hoffnung bezieht sich aber nicht nur auf das Jenseits, sondern auch auf diese Welt. Wir hoffen wirklich darauf, dass eines Tages endlich Friede auf Erden einkehrt. Die Seligpreisungen Jesu sind Ausdruck dieser konkreten Hoffnung. „Selig die Friedensstifter": das ist eine Verheißung. Hoffnung basiert auf Verheißungen, die uns Kraft geben, für diese konkreten Ziele zu arbeiten. Im Hebräerbrief heißt es über Abraham und die Patriarchen: „Sie haben an das geglaubt, was sie nicht sahen." Die Christliche Dogmatik hat daraus etwas anderes gemacht: Der christliche Glaube sei, Dinge für wahr zu halten, die ich nicht sehe. Glauben heißt aber nicht Katechismusformulierungen für wahr halten. Sondern er bezieht sich auf die Verheißungen, also auf etwas, was Wirklichkeit und Kraft hat, obwohl ich es jetzt noch nicht sehe. Das Neue Testament sagt: Die Patriarchen und Propheten haben dadurch, dass sie ihr Leben am Vertrauen ausgerichtet haben, sozusagen an den kommenden Erlöser geglaubt – und das hat sie zum Heil geführt. Denn aus dem Glauben an das Verheißene wächst die Hoffnung. Daraus wächst neues Leben. Und darauf kommt es an.

Man spricht davon, dass Hoffnung etwas aufblühen lässt. Wer hofft, dass er wieder gesund wird, der hat schon den ersten Schritt zur Gesundung getan, er lebt wieder auf. Wer hofft, wird stärker. Hoffnung schenkt Selbstvertrauen. Menschen, die ohne Hoffnung sind, brauchen zunächst einmal jemand, der ihnen zuhört. Wer Nähe zu einem anderen erfährt, findet meistens von selbst wieder zur Hoffnung. Wenn ich an einem Krankenbett sitze, muss der Kranke die Möglichkeit haben, sich alles von der Seele zu reden. Verzweifelte brauchen keine rationalen Argumentationsketten, sondern in erster Linie Zuwendung. Es ist das Herz, das letztlich die Brücke über den Graben der Hoffnungslosigkeit schlägt und neues Vertrauen ins Leben selbst schafft.

Nicht aufgeben – wider alle Hoffnung

Hoffnung wächst aus dem Glauben an die Verheißung. Das erfährt man mitten im Leben. Manchmal ist eine Situation so festgefahren und so schwierig, dass alles gegen eine Lösung und gegen einen guten Ausgang spricht. Wider alle Hoffnung nicht aufgeben – das ist das schwerste. Telefonseelsorger wissen das zur Genüge.

Solche Situationen habe ich auch selbst immer wieder erlebt. Ein Beispiel: Ich hatte eigentlich keine Hoffnung mehr, dass wir in China noch den Verwaltungsvertrag für unser Krankenhaus dort zuwege bringen würden. Im Jahr 2000, nach meiner Wahl zum Abtprimas, bin ich trotzdem nach China gefahren. Angesichts meiner neuen Aufgabe wollte ich mir die Angelegenheit endlich vom Hals schaffen. Damals schien Resignation Realismus. Aber als ich nach China kam, zeigte sich: Es gab einen neuen Bürgermeister und einen neuen Parteichef – und die machten ein neues Angebot. Ich traf plötzlich auf Verständnis für unsere Position, dass wir auch die

Verwaltung des Krankenhauses übernehmen wollten, wenn wir zahlten. Da das nach chinesischen Gesetz aber nicht geht, zahlten sie selber das Defizit und bauten selber weiter. Und sie wollten auch die Schwestern anstellen und bezahlen. Da ist mir ein Riesenstein vom Herzen gefallen.

Oder eine andere Erfahrung, bei meinem ersten Besuch in China. Man durfte sich nur in bestimmten, offiziell freigegebenen Gebieten aufhalten. Wir waren in der Stadt Yanji und wollten nach Longjin, wo es eine christliche Gemeinde gibt. Mein Begleiter war überzeugt: „Wir können da nicht hin." Ich sagte ihm: „Wenn der Herrgott will, dass wir dort hin gehen, dann werden wir da auch hin kommen. Und wahrscheinlich sogar sehr rasch." Fünf Minuten später klopft es an unsere Tür und der uns zugeteilte offizielle Begleiter sagt: „In Yanji gibt's nicht mehr viel zu sehen. Ich schlage einen Ausflug nach Longjin vor. Dort gibt es ein Bauernmuseum." Ich erklärte ihm, dass ich Spezialist für Bauernmuseen sei. (In der Tat hatte ich mit großem Interesse ein paar Jahre zuvor zwei Bauernmuseen im Allgäu besucht.) Und so haben wir dort dann die christliche Gemeinde treffen können: Die Gemeindemitglieder standen auf der Brücke und riefen: *„Simbunim, Simbunim* – Padre! Padre!" Woher sie wussten, dass wir kamen, ist mir bis heute schleierhaft. Aber weil unser Führer keine offizielle Erlaubnis für den Ausflug eingeholt hatte und inzwischen herausgekommen war, dass wir Priester waren, kam es zu einer gefährlichen Zuspitzung. Es gab Verhöre durch den Polizeichef oder den Geheimdienstchef. Der hatte alle Dokumente vorliegen, die ich auf der Reise auszufüllen hatte. Wieso ich nie als Beruf „Priester" angegeben hätte? Da war die Tugend der Klugheit gefordert. Ich sagte nur: „Auch ein Bischof wird nicht hinschreiben, dass er Priester ist. Und es weiß doch jedes Kind, dass ein Erzabt (das hatte ich angegeben) Priester ist." Da gab er auf. Und man ließ uns gehen, wider alle Hoffnung.

Im Römerbrief finde ich die Stelle: „Geduld bewirkt Bewährung, Bewährung Hoffnung, die Hoffnung aber lässt nicht zugrunde gehen." (Röm 5,5)

Die Hoffnung weitertragen

Als ich an der Sofiauniversität in Tokyo war, habe ich viel mit Buddhisten über die aktive Kraft der Hoffnung diskutiert. Einer erklärte mir: Die Hoffnung der Buddhisten zeigt sich anders als die der Christen. Wenn einer über die Brücke geht und im Wasser einen Ertrinkenden sieht, dann ruft er ihm zu: „Kämpfe! Kämpfe!" Aber er wird nicht hinunterspringen und dem Ertrinkenden helfen.

Hoffnung ist ein Anker. Das ist auch das Sinnbild dieser Tugend – nach einem biblischen Bild. „In ihr (der Hoffnung) haben wir einen sicheren und festen Anker der Seele", sagt Paulus im Hebräerbrief. Sie gilt im christlichen Verständnis aber nicht nur für mich, sondern immer auch für einen anderen. Die Bedeutung der Hoffnung hat über das Christentum unsere Kultur geprägt. Nicht nur, dass dieses Denken auch zu einem linearen Zeitverständnis geführt hat, das es sonst in keiner Kultur gibt. Auch das kulturelle und geschichtliche Fortschrittsdenken hat hier seine Wurzeln. Den kulturellen Unterschied bemerkt man schon an der Gesetzgebung: Wenn einer nicht hilft, wird er der unterlassenen Hilfeleistung angeklagt. Wir sind verantwortlich, dem anderen aktiv zu helfen. Sonst sind wir strafbar. In den östlichen Kulturen gibt es diesen Paragraphen nicht.

Die Kirche ist, in aller Schwachheit, eine Hoffnungsgemeinschaft und Trägerin der Hoffnung – nicht nur für sich, sondern für die Welt. Das gilt natürlich nicht nur für Amtsträger. Sichtbar werden sollte das an uns allen. Entscheidend ist, dass Glaube, Hoffnung und die Herausforderung zur Liebe weitergetragen werden – in alle Welt. Das hat die Kirche – bei allem Versagen – immer wieder geleistet. Ich denke vor allem an die Heiligen, die wir kennen: Vom heiligen Franz bis hin zur Mutter Teresa oder zu jenen Heiligen, die unter dem Kommunismus, im Nationalsozialismus oder in den Diktaturen Lateinamerikas, Asiens und Afrikas Zeugnis abgelegt haben und Mut, Liebe, Gerechtigkeit und Hoffnung gelebt haben.

Bei dieser geschichtlichen Kraft geht es nicht nur um die Kultur und um die vertrauten Zwiebeltürme. Aber ohne die Kirche wäre die Kultur der Antike verloren gegangen. Es waren Mönche, die diesen Reichtum des Denkens und Wissens gerettet haben. Die Weite der Hoffnung, die das alles mit aufnahm war mit einem neuen linearen Zeitverständnis verbunden, das Karl Löwith beschrieben hat. Dass die Zeit nicht mehr als kreisläufig verstanden wird, als ewige Wiederkehr oder – wie die Buddhisten es verstehen – als Aufgehen in den ewigen kosmischen Kreislauf, sondern als vorwärts gerichtet, auf ein Sinnziel ausgerichtet verstanden wird, verdanken wir christlichem Erbe.

Die Welt würde ärmer, ja sie wäre furchtbar arm, wenn es diese Impulse von Christen nicht weiter gäbe. Hoffnung in diesem Verständnis zielt auf Vollendung – auf ein Reich, in dem alle sich als Kinder eines Vaters verstehen, in dem es keinen Rassismus, keinen Nationalismus und keine Angst gibt und das im Zeichen der Liebe steht.

Worauf ich hoffe

Für meinen Orden hoffe ich, dass er weiterhin lebendige spirituelle Zentren mitten unter den Menschen hat, dass neue Gründungen möglich werden, dass die Klöster wieder sehr lebendig sind, dass sie mit Freude ihr Ideal leben, und dass dieses dann auch Kreise zieht und in Kirche und Gesellschaft hinein ausstrahlt.

Für die Kirche hoffe ich, dass sie Salz der Erde und Sauerteig für die Welt ist und mitten in der Welt den Menschen Orientierung gibt. Dass sie, eingebunden in die Welt und die Weltgesellschaft, daran erinnert, was der Mensch eigentlich ist. Dass sie deutlich macht, dass hier auf Erden nicht die letzte Heimat des Menschen ist; und dass sie das Fragwürdige dieser Welt auch immer wieder in Frage stellt. Dass sie aber nicht nur kritisiert, sondern auch Lichter anzündet. Dass sie durch Bekenntnis zu echten christlichen Werten eine Hoffnung für die Welt und für den Frieden in dieser Welt ist. Dass sie an die entscheidende Frohbotschaft des Evangeliums erinnert, die Zusage der Barmherzigkeit eines Gottes, der Liebe ist. Und dass sie all das verstärkt in einem Kontext zur Geltung bringt, wo vor allem Gewalt und Rache zählen, wo selbsternannte Märtyrer durch Selbstmord in den Himmel kommen wollen und so den Unfrieden als Weg zur Glückseligkeit propagieren. Kirche soll nachdrücklich daran erinnern – und das auch selbst vorleben – dass Frieden da möglich wird, wo es Versöhnung gibt, wo Anerkennung der Schuld und Bitte um Vergebung neue Wege eröffnen.

Für die globalisierte Welt erhoffe ich mir, dass die guten und vernünftigen Leute nicht den machtgierigen Rattenfängern das Feld überlassen müssen und dass die Machthungrigen in den aufstrebenden Staaten uns nicht ihr autoritäres System aufzwingen können. Ich hoffe, dass wir dagegenhalten können, uns auf unsere eigenen Werte besinnen und innere Stärke dadurch gewinnen, dass wir wissen, wer wir sind. Ich vertraue darauf, dass das viele Gute, das im Alltag und im Kleinen unter Menschen passiert, übergreift auf die großen Dimensionen unserer Welt, dass also das gute Wort auf fruchtbaren Boden fällt.

Eine Grundhoffnung besteht für mich in einem fundamentalen Vertrauen: dass diese Welt nicht im Chaos versinken und untergehen wird. Das ist die Botschaft der Offenbarung des Johannes: Nicht das Böse wird zuletzt siegen und diese Welt einmal beherrschen. Am Ende steht das Reich Gottes. Diese Welt wird neu erstehen zur Herrlichkeit – in einer nicht vorstellbaren Weise. Unsere Welt wird eine gute Zukunft haben.

Und für mich selbst? Große Ziele habe ich nicht in diesem Leben. Vielleicht dies: dass mein monastisches Leben mit seinen täglichen Herausforderungen einigermaßen gelingt.

Natürlich spüre ich die Last und die Müdigkeit der zunehmenden Jahre. Ich würde gerne länger schlafen. Ich spüre es beim Gehen. Ich höre schlechter und muss dann die Ohren anlegen. Ich sehe nicht mehr so gut, und das alles stört mich furchtbar. Ich hoffe, dass ich mich an die Malaisen des Alters gewöhnen werde und trotz meines Alters auch noch Erfahrungen weitergeben kann – und sei es einmal als Nachhilfelehrer in St. Ottilien, wohin ich einmal zurückkehren werde. St. Ottilien ist nicht Rom. Aber da habe ich mein Zimmer mit der ganzen Alpenkette vor Augen. Auch keine schlechte Aussicht also.

Und sonst? Ich hoffe auf einen guten Tod und bin guter Hoffnung auf das Ewige Leben, in dem wir an der unzerstörbaren Wirklichkeit Gottes Teil haben. Ich hoffe darauf, dass das Leben in Fülle Wirklichkeit wird, ohne Angst, Mangel und Tod, ein Leben, in dem es kein Leid und keine Tränen mehr gibt. Vor allem hoffe ich, dass Gott mit dem Mantel seiner Barmherzigkeit meine Sünden zudeckt und sie vergibt.

Der provokative Künstler Christoph Schlingensief, der in dem eingangs erwähnten Interview gesagt hatte, dass er als Christ sterben wolle, wurde, wie man lesen konnte, von dem Priester, der ihn getauft hat, auch beerdigt. Und auf seiner Todesanzeige war ein Satz von Jeanne d'Arc zu lesen: „Wenn ich mich in Gottes Gnaden befinde, so soll er mich darin erhalten. Wenn ich es nicht bin, möge er mich darin versetzen."

Der Himmel so verstanden, als Hoffnung auf einen Zustand in Gottes Gnade: das ist ein Satz, den ich mitsprechen könnte. Im Übrigen gehen für mich Hoffnung und Fröhlichkeit auch im Blick auf die letzten Dinge durchaus zusammen, weil die Erfüllung immer größer ist als die Erwartung. Ich stelle mir etwas vor – und Gott blickt mich schmunzelnd an und sagt: „Schön und recht, aber da ist schon noch mehr drin." So ist es. Im Himmel wie auf Erden.

10 *Wie im Himmel. So auf Erden*

„Ist das nicht wunderbar?" Es klang in meinen Ohren weniger nach einer Frage, als nach einer Feststellung. Es war am Morgen eines Dezembertags, als ich von Rom nach Zürich flog. Wir waren einige Tausend Meter hoch, blaue Weite, wolkenlos, als die Dame auf dem Sitz neben mir sich gar nicht mehr einkriegen konnte: „Schauen Sie doch mal, wie wunderbar. Da vergisst man doch alles. Ist das nicht Glück?"

Es war tatsächlich ein himmlischer Blick. Ganz klar war dieser Tag, der strahlend zu werden versprach, von oben sahen wir auf schneeglitzernde Alpengipfel, auf die ewigen Gletscher und die langgezogenen Talformationen zwischen den Bergmassiven.

Glück ist etwas Himmlisches. Und etwas Irdisches.

Die Erfahrung von Transzendenz und das erdverbundene „gute Leben" unter uns Menschen gehören zusammen.

Das erfuhr ich am Abend des gleichen Tages noch einmal und noch tiefer. Es gibt den wunderbaren Text aus der Geburtgeschichte Jesu: „Gloria in excelsis Deo. Et in terra pax hominibus bonae voluntatis. Ehre sei Gott in der Höhe. Und auf Erden Friede den Menschen guten Willens." Johann Sebastian Bach hat diesen Text nach dem Engelsgesang aus Lukas 2,14 in seiner Kantate BWV 191 zum ersten Weihnachtstag nach 1740 vertont. Es ist wie eine Verherrlichung dieser beiden Grundhaltungen, der vertikalen und der horizontalen. Ein Stück für Chor, Sopran und Tenor, mit Pauken und Trompeten, Streichern und Holzbläsern. Der erste Satz dieser Kantate wird vor, die beiden anderen werden nach der Predigt musiziert. Ich war an jenem Tag unterwegs zu einem Konzert mit diesem Werk. Die Bachstiftung St. Gallen hatte in die wunderbare Rokokokirche in Trogen eingeladen, und ich sollte zwischen den Musikstücken eine Meditation halten. Damals, in dieser großartigen Kirche, hat sich mir ein Satz aufgedrängt: „Musiker sind Architekten des Himmels". Das hat der bekannte amerikanische Jazzmusiker und Dirigent Bob McFerrins einmal gesagt.

Johann Sebastian Bach, der uns diese Musik geschenkt hat, war ein solcher Architekt, der das Oben und Unten, die Horizontale und die Vertikale verbindet. Aber auch in diesem wunderbaren, rokoko-schwingenden Kirchenraum, tat sich auf einmal, zwischen der Orgel, inmitten der Orgel, der Himmel auf über uns und für uns in diesem „Gloria in Excelsis Deo".

Der Himmel tat sich auf – inmitten einer Welt, die weiter geprägt blieb von den großen Unglücken unserer Gegenwart, von Krieg und Folter, Gewalt und Lüge, von all diesen Ausprägungen der Sündhaftigkeit und Fehlerhaftigkeit der Welt. Es bleibt eine Welt, die in Finsternis liegt und in der der Frieden immer erst noch geschaffen werden muss. Und doch hat sie in dieser Nacht, von der die Kantate erzählt, in dieser „heiligen Nacht", eine Neugeburt erfahren, eine Hoffnung, ein Licht: das Glück einer neuen Schöpfung.

Der Friede auf Erden kommt in der Musik Bachs zunächst im Piano daher und breitet sich in Wellen immer weiter aus, als wolle er langsam den ganzen Erdball umfließen und umschließen, bis hin zum festlichen Schlussakkord des ersten Teils: Die Vollendung der Verheißung. Das menschliche Gloria wird in das himmlische hineingehoben. Überwunden sind Unglück, Not und Tod. Wo Gott die Ehre gegeben wird, herrschen Friede und Freude, mag die irdische Wirklichkeit noch so freudlos ausschauen. Das Gloria ist die große Hoffnung, die Freudenbotschaft an die Menschen.

Ich hatte am Flughafen und im Zug nach St. Gallen kleinen Kindern zugeschaut. Gott ist ein solches Kind geworden. Und ich dachte: Können wir uns das überhaupt vorstellen, etwas so Großartiges, dass Gott über seine Größe so erhaben ist, so souverän, dass er zu einem so kleinen verletzlichen Kind werden kann? „Ehre sei Gott in der Höhe, verherrlicht ist Gott in der Höhe", das sind die einzigen passenden Worte.

Hat das auch mit den Tugenden zu tun? Über die Jahrhunderte hinweg konnte man das so sehen: Noch Platons Zeitgenosse Xenophon, der wie jener ein Schüler des Sokrates war, schrieb seinem Lehrer einen Kanon von nur zwei Tugenden zu: Frömmigkeit (die die Beziehungen zwischen Menschen und Göttern bestimmt) und Gerechtigkeit (die für die Beziehungen der Menschen untereinander maßgeblich ist). Von einem solch elementaren Verständnis des rechten Verhaltens und der rechten Ordnung ist auch der kurze Text dieser Bachkantate mit seinen zwei Blickrichtungen gekennzeichnet: Ehre sei Gott. Friede den Menschen. Es ist der Kern des Glaubens.

Was „bringt" nun der Glaube? Die Menschen bekriegen sich heute noch, hassen sich, feinden sich an, belügen einander. Es ist nicht so, dass sich die Weltgeschichte nach außen hin geändert hätte. Aber von innen her doch: Wir haben eine Hoffnung, wir brauchen uns nicht mehr wie ein Münchhausen selbst herausziehen aus dem Sumpf der menschlichen Existenz und der Bosheit. Und wir können leben, ohne alles „machen" zu müssen. Wir brauchen nur unser Herz zu öffnen.

Manche meinen, sie könnten nicht glauben. Warum halten wir so sehr an uns fest? Lassen wir uns los, öffnen wir unser Herz. Gott ist Mensch geworden, er liebt uns. Seine Botschaft ist die der Vergebung. Lassen wir diese Botschaft in unser Herz hinein.

Als ich in meinem Kloster zum Abt gewählt wurde, musste ich mir auch ein Motto für mein Amt suchen. Ich habe damals gewählt: „Jubilate Deo". Warum? Ich war in Rom für einige Jahre Choralmagister gewesen und es war immer ein beglückendes Erlebnis, mit meiner Schola zu singen. Wir haben auch Konzerte veranstaltet in sehr schönen, alten gotischen Zisterzienser-Kirchen. Und die schönste Zugabe, die wir machen konnten, war dieses „Jubilate Deo": für mich das schönste gregorianische Stück. Und in dem Jahr meiner Wahl, da dachte ich nie daran, dass ich einmal gewählt würde, schrieb ich meinem Vorgänger: „Lieber Vater Erzabt, wenn ich unter Ihrer Amtszeit sterben sollte, setzen sie bitte auf meinen Grabstein ‚Jubilate Deo'." Das war immer mehr zu meinem Lebensinhalt geworden, hatte sich immer mehr eingegraben in meine Existenz: auf Gott blicken zu dürfen, auf diesen großen Gott, der einer von uns geworden ist. Im Blick auf ihn sind meine Sünden nicht mehr wichtig. In seinem Glanz sieht man die Fehler gar nicht mehr. Es gibt Leute, die meinen, Gott habe nichts anderes zu tun als ihnen links und rechts über die Schulter zu schauen, sozusagen den Tugendkatalog und den Lasterkatalog im Blick auf unsere Biographie abarbeiten. Ich aber glaube, Gott wird meine Tränen abtrocknen, die ich auch über mich selber weine, und er wird sagen: „Komm her". In diesem Lichte, in diesem Glanz leben zu dürfen, und dabei sich selbst vergessen zu können – das ist das eigentliche Glück unseres Lebens.

Auf die Welt sehen wie bei diesem Flug nach Zürich bei einem Sonnenaufgang an einem Morgen – sich selber über der Größe des Universums, der Schöpfung zu vergessen.

Oder auch mit den Augen Gottes auf die Menschen schauen: Man sieht alles, weiß um die Unvollkommenheiten. Gott hat den Menschen zwar nach seinem Ebenbild geschaffen, aber nicht als Gott, sondern mit Schwächen. Aber Gott vergibt auch wieder. Und man kann auch schmunzeln über die Unvollkommenheiten.

Das ist Glück.

Und die Spatzen, meine Glücksvögel? Was haben sie mit dieser Musik von Johann Sebastian Bach zu tun? Für mich sind auch sie Inbild eines selbstvergessenen Lebens – in ihrem fröhlichen Tschilpen, ihrem streitlustigen Lärmen, ihrem temperamentvollen Treiben.

Und mit all dem sind sie das Bild eines in Gott aufgehobenen Lebens. Jesus fragt: „Verkauft man nicht fünf Spatzen für zwei Fünfer?" Und er versichert seinen Jüngern: „Nicht einer von ihnen ist von Gott vergessen. Und ihr erst – bei euch sind sogar die Haare auf dem Kopf alle gezählt."

Paul Gerhard, der große Dichter, hat – in Anlehnung an Psalm 91 – das große Lied der Gelassenheit gesungen: „Wer nur den lieben Gott lässt walten, hoffet auf ihn allezeit, den wird er wunderbar erhalten in aller Not und Traurigkeit. Wer Gott, dem Allerhöchsten, traut, der hat auf keinen Sand gebaut."

Hier geht es um eine Haltung. Um Dauer. Um etwas, das dazu taugt, ein Leben zu tragen.

Don Bosco hat es etwas salopper ausgedrückt (er war eben Italiener). Aber auch ihm ging es um eine Haltung: „Gutes tun, fröhlich sein und die Spatzen pfeifen lassen."

Glück – ein Haus, in dem auch Spatzen nisten könnten.

Glück: Ein Leben, auf das man pfeifen kann, nach dieser Melodie: der Spatzenmelodie.

Manchmal, wenn ich die Vögel am Fenster höre, in unserem Garten auf dem Aventin am frühen Morgen, dann zwitschere ich auch, wenn sie eine Pause machen, wie sie. Und dann antworten sie mir. Es ist ein Dialog, Resonanz. Das ist unglaublich schön – im Zwiegespräch mit einem Vogel zu stehen.

Wenn das kein Glück ist!